Staats- und socialwissenschaftliche Forschungen

herausgegeben

von

Gustav Schmoller.

Zwanzigster Band. Siebentes Heft.

(Der ganzen Reihe vierundneunzigstes Heft.)

Ludwig Bernhard, Die Entstehung und Entwicklung der Gedingeordnungen im deutschen Bergrecht.

Leipzig,
Verlag von Duncker & Humblot.
1902.

Die Entstehung und Entwicklung

der

Gedingeordnungen

im deutschen Bergrecht.

Von

Ludwig Bernhard.

Leipzig,
Verlag von Duncker & Humblot.
1902.

Alle Rechte vorbehalten.

Inhaltsverzeichnis.

	Seite
Einleitung	1
§ 1. Die Quellen	3

Erster Abschnitt. Der Kostvertrag.

§ 2. Die Entstehung und wirtschaftliche Bedeutung des Kostvertrages 8
§ 3. Die rechtliche Ordnung des Kostvertrages 13
    a) Die beiden Formen des Kostvertrages S. 14. — b) Der Abschluſs des Vertrages S. 15. — c) Rechte und Pflichten der Parteien S. 16. — d) Der Vertragsbruch S. 18.

Zweiter Abschnitt. Die Lehnschaft.

§ 4. Die Quellen 21
§ 5. Entstehung und wirtschaftliche Bedeutung der Lehnschaft . 23
§ 6. Die Rechtsordnung der Lehnschaft 24
    a) Die Begründung der Lehnschaft S. 24. — b) Die Form des Vertragsschlusses S. 28. — c) Die Rechte und Pflichten der Parteien S. 30. — d) Die Beendigung der Lehnschaft S. 34.
§ 7. Afterlehnschaften und ähnliche Verhältnisse 34

Dritter Abschnitt.

§ 8. Die Teilmiete 38

Vierter Abschnitt. Das Gedinge.

§ 9. Das Aufkommen der Lohnarbeit und die Entstehung des Gedinges 42
§ 10. Die ersten Gedingebestimmungen im 14. Jahrhundert . . . 48
§ 11. Die Entwicklung der Gedingebestimmungen im 15. Jahrhundert 50
§ 12. Das Recht des Gedinges 59
    a) Die Voraussetzungen des Gedinges S. 60. — b) Der Abschluſs des Gedinges S. 61. — c) Die Rechte und Pflichten der Parteien S. 65. — d) Die Beendigung des Gedinges S. 68.
Schluſs 70

Einleitung.

Ein Problem des heutigen Arbeiterrechts bot den Anlafs zu der folgenden Untersuchung.

In den letzten Jahren wurde in der juristischen und volkswirtschaftlichen Literatur mehrfach erklärt, dafs das moderne Recht den Arbeitsvertrag unzureichend regele; denn immer noch wirke jenes „grofse Vakuum" nach, welches das römische Recht in der Behandlung der Arbeitsverhältnisse zeige. Im Gegensatze hierzu wies man auf die mannigfachen Bestimmungen im deutschen Recht, zumal in den alten Berggesetzgebungen hin und zeigte, wie die Gedingeordnungen den Arbeitsvertrag bis in seine Einzelheiten regelten.

Jene alten Gedingeordnungen sind mehrfach dargestellt worden; jedoch fehlt es bisher an einer Untersuchung darüber, wie die Ordnungen entstanden sind und wie es zu erklären ist, dafs sie binnen kurzer Zeit in Deutschland und über Deutschlands Grenzen hinaus in fast übereinstimmendem Wortlaute Aufnahme fanden und während mehrerer Jahrhunderte den Arbeitsvertrag beherrschten.

Von diesen Vorgängen handeln die folgenden Blätter. Schon an dieser Stelle aber möchte ich auf das wirtschaftliche Moment hinweisen, welches für diese Rechtsentwicklung von entscheidender Bedeutung war.

Als in den Bergwerken Deutschlands die Lohnarbeit aufkam, trat der Lohnarbeiter an den Platz, den bis dahin arbeitende Gewerken oder aber Lehnhäuer eingenommen hatten.

Dieser wirtschaftliche Vorgang spiegelt sich in der Rechtsentwicklung deutlich wieder; denn als man im 14. Jahrhundert zum ersten Male den Versuch machte, eine Rechtsordnung der Lohnarbeit aufzustellen, legte man diesen neuen Sätzen die alte Regelung des Gewerkenvertrages (Kostvertrages) und der Lehnschaft zu Grunde.

Es lag sehr nahe, so zu verfahren, weil der Kostvertrag und die Lehnschaft ähnlichen wirtschaftlichen Zwecken dienten wie die Lohnarbeit. Man konnte daher die ersten Gedingebestimmungen in enger Anlehnung an jene älteren Rechtssätze, ja in wörtlicher Übereinstimmung mit ihnen, formulieren.

So hat sich die Ordnung des Gedinges aus der Ordnung des Kostvertrages und der Lehnschaft entwickelt!

Dieser Vorgang, der zunächst als eine einfache Weiterentwickung der Vertragsformen erscheint, war für die Stellung der Bergarbeiter von grofser Tragweite. Denn indem man das neue Arbeitsverhältnis fest an die herkömmliche Ordnung anknüpfte, wendete man der Rechtsstellung der Arbeiter alle jene Sicherheit und Bestimmtheit zu, die die alten Verträge, insonderheit den Kostvertrag der Gewerken ausgezeichnet hatte. Die genaue Feststellung von Leistung und Gegenleistung beim Vertragsschlufs und nach Fertigstellung der Arbeit, der Schutz jeder Partei gegen Irrtum und Willkür der anderen, alle Sicherungen des Vertrages, die sich die arbeitenden Gewerken durch ihre günstige wirtschaftliche Stellung errungen hatten, gingen jetzt, vom Herkommen befestigt, auf das Lohnarbeitsverhältnis über. Zwar konnte selbst die vollendete Ausbildung der Rechtsformen den Arbeiter nicht gegen Wechselfälle und Unbilden schützen; jedoch gegen rücksichtslose Willkür war die befestigte Form als ein Damm errichtet, und den Bergbehörden ermöglichte sie stets eine wirksame Kontrolle des Arbeitsverhältnisses.

Gerade in unseren Tagen, in den letzten Jahrzehnten, zeigte sich mit packender Deutlichkeit, was jene alten Rechtsformen wirtschaftlich geleistet haben. Denn als die Zeiten kamen, wo man jegliche Regelung des Arbeitsvertrages als „unnatürlich" brandmarkte, und als die modernen Berggesetze die vollste Freiheit des Arbeitsvertrages zum Princip erhoben, trat alsbald ein Zustand der Willkür ein, unter dem besonders die wirtschaftlich Schwächeren, die Arbeiter, litten. In dem grofsen Bergarbeiterstreik vom Jahre 1889 bildete daher die Regelung des Gedinges eine der Hauptforderungen, deren Berechtigung in der ministeriellen Denkschrift vom Jahre 1890 durchaus zugegeben wurde. Einige Jahre später führte deshalb eine Novelle zum Berggesetze wiederum eine Regelung des Arbeitsvertrages ein, die in einigen Punkten auf die alten Gedingeordnungen zurückging. Die Betrachtung dieses Zusammenhanges veranlafste den Verfasser dieser Schrift, nach der Entstehung und Entwicklung der Gedingeordnungen zu forschen.

Indem diese Untersuchung einen Abschnitt der Rechts- und Wirtschaftsgeschichte behandelt, will sie zugleich einen Beitrag liefern zu dem grofsen Problem der Wechselwirkungen zwischen Wirtschaft und Recht.

§ 1. Die Quellen.

An Quellen kommen einerseits die Berggesetze, anderseits die Urteile der Berggerichte in Betracht.

Bis zum 12. Jahrhundert hatte im Bergrecht die mündliche Überlieferung geherrscht, die Gewohnheit war mafsgebend gewesen.

Nunmehr setzte die Berggesetzgebung ein, die sich bis zum Ende des 15. Jahrhunderts gleichsam in drei Etappen entwickelte.

Die erste Periode war die Zeit der Bergwerkstatuten[1]. Diese Statuten beschränkten sich auf die Regelung einiger weniger Einrichtungen, in Betreff deren Zweifel bestanden. Sie gehörten zu jener Art der Gesetzgebung, von der Savigny gesagt hat[2], dafs sie dazu diene, „der Gewohnheit zu Hilfe zu kommen", indem sie „Rechtssätze, die ihrer Natur nach schwankende, unbestimmte Grenzen haben, wie z. B. alle Verjährung, feststellen"[3].

So finden wir in den Statuten in erster Linie solche Rechtssätze, welche Zahlenangaben enthalten, geregelt. Z. B. Vorschriften über die Höhe der Bergwerksabgaben[4], über die Gröfse der Gruben und den Abstand der Gruben von einander[5], über die Höhe von Geldstrafen u. s. w.

Wenn auch hie und da principielle Fragen erörtert werden, so ist doch von einer zusammenfassenden Gesetzgebung in den Statuten nicht die Rede.

---

[1] Hierher gehören insbesondere die Trienter Statuten, die Friesacher Bergwerksverträge, die Goslarer Ordnung von 1271 u. a. m.

[2] Savigny: vom Beruf unserer Zeit, S. 10.

[3] Eine solche Unbestimmtheit bestand im Anfange des 12. und 13. Jahrhunderts besonders bezüglich der Höhe des „Urbar". An Stelle des Mitbaurechts der Landesherren trat damals das Recht auf Urbar, d. h. auf eine bestimmte Abgabe von der Ausbeute. Eine feste Überlieferung bezügl. der Höhe des Anteils hatte sich noch nicht herausgebildet. Für Ungarn bemerkt Sternberg hierüber Band II, S. 39: „Der noch neue Gegenstand der Urbare war in dieser Zeit noch nicht genau festgestellt. Die oktroierten Urkunden der Kaiser waren fast alle mit gänzlicher Nachsicht dieser neuen Forderung erteilt, man war, wie es scheint, noch nicht ganz einig, was man fordern sollte oder konnte."

[4] Vergl. Trienter Statut im Codex Vangianus.

[5] Vergl. Goslarisch. Bergwerksstatut bei Wagner, Corpus juris metallici.

Erst die zweite Periode der Berggesetzgebung brachte im 13. und 14. Jahrhundert eine Zusammenfassung des im Bergbau geltenden Gewohnheitsrechts. Die Kodifikationen des 13. und 14. Jahrhunderts[1] verdanken ihre Entstehung dem Umstande, daſs die Verhältnisse im Bergbau durch das Aufkommen des Stollenbaus komplizierter geworden waren[2].

Den unmittelbaren Anstoſs jedoch gab die Ungewiſsheit des Rechts.

Diese Ungewiſsheit beruhte zum Teil wohl darauf, daſs infolge des Aufschwunges des Bergbaus Angehörige verschiedener Nationen an einem Orte zusammenströmten[3].

Zum Teil auch hatte die Rechtsunsicherheit ihren Grund darin, daſs äuſsere Zwistigkeiten entstanden[4], oder daſs infolge wirtschaftlichen Rückganges häufige Besitzwechsel und Wechsel in der Bergwerkshoheit eintraten[5].

Aber noch ein anderes Moment ist zu berücksichtigen.

Im 13. und 14. Jahrhundert lag der Gedanke, das geltende Recht zu kodifizieren, in den Städten Deutschlands gleichsam in der Luft.

Die alten Privilegien und Handfesten genügten nicht mehr. Der gewaltige Aufschwung der Städte, der um die Mitte des 13. Jahrhunderts einsetzte[6], hatte zu den groſsen Stadtgesetzgebungen geführt.

---

[1] Insbesondere das Schemnitzer Recht, das Freiberger Recht, das Recht von Iglau, das Goslarische Bergrecht.

[2] In allen Kodifikationen nimmt die Regelung der Erbstollen einen ganz besonders breiten Raum ein, während in den vorhergehenden Bergrechtsstatuten der Stollenbau überhaupt noch nicht erwähnt wurde.

[3] So z. B. in Schemnitz, in Ungarn war das 13. Jahrhundert eine Zeit hoher Blüte für den Bergbau gewesen. Zahlreiche Ausländer, insbesondere Deutsche, waren dorthin gewandert. Vgl. Sternberg, S. 38. Durch das Zusammenleben so verschiedener Nationalitäten muſsten notwendig Schwierigkeiten bezüglich der Rechtsprechung entstehen. Mit Rücksicht hierauf scheint die erste Kodifikation in Ungarn entstanden zu sein.

[4] Das Freiberger Recht wurde ebenfalls in einer Zeit der Unsicherheit kodifiziert. Vgl. Ermisch, Sächs. Bergr., S. LVIII. „Während dieser Zeit der Fremdherrschaft, in welcher vielfach wilde innere Kämpfe die Stadt beunruhigt haben mögen, wurde die Redaktion des Stadtrechts vollendet." „In unmittelbarem Anschlusse an die Kodifizierung des Stadtrechts begann man auch die bergrechtlichen Gewohnheiten zu sammeln und zu ordnen."

[5] Für Goslar nimmt Neuburg an, „daſs die Kodifikation veranlaſst sei zu einem Zeitpunkte, als ein Wechsel in der Hoheit stattfand und der neue Besitzer der Hoheitsrechte gewissermaſsen das Bedürfnis fühlte, das geltende Recht festzustellen, um für die Rechtsprechung der Gerichte eine sichere Grundlage zu gewinnen." Neuburg, S. 85. Das 14. Jahrhundert war für Goslar eine Zeit, wo die Gruben fortwährend ihren Besitzer wechselten, da äuſsere Zwistigkeiten und Betriebsstörungen aller Art einen wirtschaftlichen Rückgang herbeiführten. Vgl. Neuburg, Goslars Bergbau, S. 48 ff.

[6] Um die Mitte des 13. Jahrhunderts wurde Oberitalien zum Centrum des Welthandels, damals entstanden den Rhein entlang, wie auch

Im Anschlusse an solche Stadtgesetzgebungen sind die bergrechtlichen Kodifikationen fast durchweg entstanden. So das Schemnitzer Recht[1], so das Bergrecht von Freiberg[2], so das Goslarer Recht[3].

Die Berggesetzgebung des 13. und 14. Jahrhunderts erscheint mithin als Teil jener grofsen Bewegung in der deutschen Gesetzgebung, die sich auf die „Rechtsbücher", insonderheit den Sachsenspiegel stützt. Vom Geiste dieses Rechtsbuches ist daher auch die Berggesetzgebung des 13. und 14. Jahrhunderts erfüllt[4].

Unter den Berggesetzen des 14. Jahrhunderts nehmen die Constitutiones Wenceslai eine Sonderstellung ein. Schon in der Art ihrer Entstehung unterscheiden sie sich von den übrigen Quellen der Zeit.

Die Goslarer, Freiberger, Iglauer Ordnungen beruhen zumeist auf Weistümern, auf Urteilen der Berggerichte und Oberhöfe. Praktische Fälle werden erörtert und im Anschlusse hieran die Rechtsbestimmungen aufgestellt. Ein System des Bergrechts sollte in diesen Ordnungen nicht gegeben werden.

Ganz anders die Constitutiones Wenceslai. Sie wollen ein System des Bergrechts sein. Systematisch geht der Verfasser vor. Zeigt sich etwa, dafs das geltende Bergrecht über irgend eine juristische Frage keinen Aufschlufs erteilt, so wird das corpus juris Justinians herangezogen[5]. Lange Abhandlungen über emtio venditio, locatio-conductio sind fast wörtlich aus den römischen Quellen abgeschrieben. Eine ausführliche Erörterung über die donatio inter virum et uxorem steht völlig isoliert da als rein doktrinäre Ausführung ohne Beziehung zum wirklichen Bergrecht.

Die hierdurch entstehende Unklarheit wird noch dadurch vermehrt, dafs überall die Absicht hervorschaut, zu reformieren. Daher finden sich nebeneinander: Rechtsbestimmungen, Ratschläge und Polemiken gegen die Rechtsprechung von Iglau.

---

durch Schwaben und nach Böhmen zu jene grofsen Handelsstrafsen, deren Verkehr zur Blüte der deutschen Städte führte.

[1] Vergl. Wagner, S. 163.
[2] Vergl. Ermisch, S. LVIII.
[3] Vergl. Göschen, Goslarer Statuten, S. 1.
[4] Hier sei nur auf einige Punkte hingewiesen: „Nun möchst du fragen, ob einer sein erbeit moege vormyten ewiglich? Ich gleub, neyn, Wenn so dis wer, so wer eynen sein freyheit unnütz." (Ssp. Glosse II. S. 33.) Hiermit stimmt die Behandlung der Lehnschaften im Goslarer Recht überein. Ferner die Unzulässigkeit der Kündigung, die erst 1541 durch die Joachimsthaler Bergordnung eingeführt wurde. Echt sächsisch war auch z. B. die objektive Behandlung des Vertreterverhältnisses. Vgl. hierüber Sickel, Kontraktbruch, S. 144.
[5] Sternberg (Geschichte des Bergbaus in Böhmen, S. 65) nimmt im Anschlusse an eine Vermutung Peithners an, dafs die Redaktion der Constitutiones von Getius Urbivetanus, einem römischen Rechtsgelehrten, herrühre.

Wir werden im folgenden sehen, dafs die Rechtssätze der Constitutiones Wenceslai von denen der übrigen Bergrechte oft ganz erheblich abweichen.

Diese Abweichungen verdanken ihre Entstehung meist dem Wunsche des Königs Wenzel II., unter allen Umständen eine Vermehrung der Bergwerkseinkünfte zu erzielen[1].

Vermehrung des Rohertrages! Das ist der Ton, der überall aus dem Gesetze Wenzels klingt. Die Bergwerke bildeten eine seiner wichtigsten Einnahmen, und der mächtige Fürst brauchte Geld. Denn zu jener Zeit, da die Constitutiones Juris Metallici geschrieben wurden[2], wufste man schon in Prag, dafs es bald eine Ende haben werde mit der Habsburgischen Freundschaft, dafs man vielleicht bald die Waffen werde kreuzen müssen mit den Heeren des Kaisers.

(Als wenige Jahre später der Kampf wirklich ausbrach, bildeten den Hauptgegenstand des Streites die Bergwerke. Der Mifserfolg Albrechts war besiegelt, nachdem er die Bergwerksstadt Kuttenberg vergebens bestürmt hatte.)

Aus dem vorhergehenden möchte ich zwei Momente als besonders wichtig für die Beurteilung der Constitutiones Wenceslai hervorheben: erstens nämlich den engen Anschlufs an das römische Recht, zweitens die ausgesprochene Tendenz, unter allen Umständen, selbst auf die Gefahr des Raubbaus hin, eine Vermehrung des Rohertrags zu erreichen.

Diese beiden Umstände haben dahin geführt, dafs sich die Constitutiones im deutschen Bergrecht, ja sogar in Böhmen selbst nicht einbürgern konnten[3]. Zahlreiche Bestimmungen der Constitutiones sind daher auch blofse Wünsche geblieben, ohne jemals praktisches Recht zu werden.

Andererseits aber war das Gesetz Wenzels nach manchen Richtungen hin so schöpferisch und so wichtig für die Regelung des Bergwesens, dafs es von der Praxis unmöglich übergangen werden konnte.

Insbesondere kann man die Constitutiones Wenceslai als die Wiege der grofsen mittelalterlichen Socialpolitik im Bergbau bezeichnen.

Es ist daher für diese Untersuchung von Wichtigkeit, festzustellen, welche Sätze der Constitutiones als praktisches Recht betrachtet werden müssen, und welche Sätze keine Anwendung fanden. Hierfür bieten die mit ausführlichen Begründungen versehenen Urteile des Oberhofs Iglau ein wich-

---

[1] Hierüber siehe unten besonders im Abschnitte über die Lehnschaft.

[2] Als Entstehungsjahr der Constitutiones Wenceslai mufs man nach den Untersuchungen Wenzels das Jahr 1300 annehmen. (Wenzel, Österr. Bergrecht, S. 56 ff.)

[3] Die vom Kaiser Sigismund mit böhmischen Bergwerken belehnten Grafen Schlick führten sächsisches Recht ein.

tiges Hilfsmittel. Obgleich in diesen Urteilen die Constitutiones nirgend genannt werden, so ist doch vielfach ihr Einflufs unverkennbar, während sich an anderen Stellen deutlich zeigt, dafs diese oder jene Bestimmungen des Berggesetzes Wenzels von der Praxis nicht befolgt worden sind.

In das 15. Jahrhundert schliefslich fällt die dritte Periode der Berggesetzgebung.

Sie verdankt ihre Entstehung den sächsischen Landesherren. Zu einer Zeit des Verfalls der Bergwerke wurde der Plan gefafst, durch eine neue Regelung des Bergwesens dem niedergegangenen Bergbau einige Hilfe zu bringen.

Die Vorbereitungen zu jener Gesetzgebung und auch die ersten Bergordnungen fallen noch in jene Zeit der wirtschaftlichen Depression. Am Ende des 15. Jahrhunderts jedoch nahm der Bergbau Sachsens infolge der Entdeckung neuer Erzlager einen erheblichen Aufschwung. Insonderheit Annaberg wurde in wenigen Jahren ein blühender Bergort. Zu Anfang des 16. Jahrhunderts war Annaberg schon als reiche Stadt bekannt[1]. Kein Wunder, dafs damals zahlreiche Bergarbeiter nach Sachsen strömten.

Um den hierdurch komplizierter gewordenen Verhältnissen gerecht zu werden, wurden die Gesetze weiter ausgebaut, und es wurden jetzt insbesondere für den Arbeitsvertrag, das Gedinge, eingehende Bestimmungen getroffen.

Die Art, in der damals in Sachsen das Gedinge geregelt wurde, galt als so mustergültig, dafs fast alle Berggesetzgebungen Deutschlands diese Bestimmungen aufnahmen[2].

Jene Gedingeordnung hat sich dann im Laufe der Jahrhunderte weiter entwickelt, bis sie von der modernen Berggesetzgebung, entsprechend dem Princip der Vertragsfreiheit, beseitigt wurde.

---

[1] Als Symptom hierfür möchte ich anführen, dafs sich der Ablafsprediger Johann Tetzel damals häufig in Annaberg aufgehalten hat. „Unter den Schauplätzen der Tetzelschen Ablafspredigt nimmt Annaberg eine hervorragende Stellung ein." (Michael, Beilage zur Allgemeinen Zeitung 1901, No. 87, „Johann Tetzel in Annaberg".) Michael nimmt an, der häufige Besuch Annabergs sei daraus zu erklären, dafs Tetzel in der aufblühenden Bergstadt grofse Summen aufzutreiben hoffte.

[2] So die Bergordnungen von Schwarzburg, von Brandenburg, die Joachimsthalschen Bergordnungen, die Nassauischen, die Kur-Trierschen, die Bergordnungen von Henneberg und von Homburg, die Kur-Sächsischen und die Saalfeldischen Bergordnungen, später dann im 17. Jahrhundert die Bergordnungen in Hessen-Kassel und in Mansfeld, im 18. Jahrhundert in Jülich-Berg. Aufser diesen genannten Bergordnungen, die fast wörtlich die Bestimmungen der sächsischen Ordnungen des 15. Jahrhunderts wiedergeben, nehmen noch zahlreiche andere auf die Sächsische Berggesetzgebung Bezug. Siehe hierüber die chronologische Übersicht am Schlusse dieser Arbeit.

Erster Abschnitt. Der Kostvertrag.

§ 2. Die Entstehung und wirtschaftliche Bedeutung des Kostvertrages.

Der Kostvertrag brachte die erste Durchbrechung des Princips genossenschaftlicher Arbeit. Bis dahin hatten sämtliche Mitglieder einer Gewerkschaft mit eigner Hand den Bergbau gemeinsam betrieben. Jetzt trat eine Trennung zwischen Kapital und Arbeit ein, denn der Kostvertrag enthielt die Vereinbarung, dafs einer oder mehrere der Gewerken am gemeinschaftlichen Bau nicht teilzunehmen brauchten, und dafs diese Gewerken statt dessen ihren arbeitenden Mitgewerken einen regelmäfsigen Geldbeitrag zum Betriebe zu leisten hätten [1].

Hierdurch wurde zwar der Gewerkenverband nicht gesprengt, denn der Kapitalist sowohl wie die Bergleute waren Gewerken. Sie bildeten zusammen die Genossenschaft, der das Eigentum am Bergwerke zustand. Immerhin aber trat jetzt die neue Unterscheidung zwischen arbeitenden und kostgebenden Gewerken ein. Eine Unterscheidung, die für die wirtschaftliche und rechtliche Entwicklung von Bedeutung war.

Über die Entstehung und Verbreitung des Kostvertrages enthalten die Bergordnungen und Statuten keine Mitteilungen. Dennoch lassen sich aus den Angaben der Bergordnungen mancherlei für die Entwicklung des Kostvertrages wichtige Schlüsse ziehen. Denn die Bergordnungen des 13. und 14. Jahrhunderts erscheinen nicht als trockene Sammlungen von Rechtsnormen, vielmehr werden die Bestimmungen häufig im Anschlusse an kurz erörterte praktische Fälle gegeben. So ist ein Blick auf die wirtschaftliche Grundlage des Rechtsinstituts ermöglicht.

Zwei verschiedene wirtschaftliche Momente waren es, die zur Trennung von Kapital und Arbeit geführt haben.

---

[1] Aus diesem Vertrage hat sich das Zubufsesystem entwickelt. Nicht aber darf der Kostvertrag ohne weiteres mit der Zubufseverpflichtung identifiziert werden. Hierüber siehe weiter unten.

I. Unter den Gewerken, die gemeinsam mit ihren Genossen gearbeitet hatten, gab es manche, denen die eigenhändige Mitarbeit unmöglich oder unbequem geworden war, und denen deshalb daran lag, aus dem Kreise der arbeitenden Gewerken auszuscheiden, die aber dennoch am Ertrage des Bergwerkes auch weiterhin partizipieren wollten, da gerade im 13. Jahrhundert die Bergwerke Deutschlands erhebliche Erträge brachten.

Die Quellen enthalten manchen Fall, der diese Verschiebung im Gewerkschaftsverbande illustriert.

Ein Beispiel: Gewerken haben miteinander einen Betrieb, der zu einem Erbstollen gehört, abgebaut. Ein Teil der Gewerken ist nun der Ansicht, dafs der weitere Abbau keinen genügenden Ertrag bringen werde, dennoch wollen sie ihr Eigentum am Bergwerke und damit ihr Recht von einer etwaigen neuen Erzförderung Vorteil zu ziehen, nicht aufgeben. In diesem Falle sprechen jene (d. h. der Teil der Gewerken, welcher weiter arbeiten will), „sullen sy ir gut darlegen, sy wollen ouch warten des erbes, das czu den teilen gehort" [1]. Mit andern Worten: Ein Teil der Gewerken ist bereit, den Bergbau im Interesse der gesamten Genossenschaft allein weiter zu betreiben. Sie verlangen jedoch, dafs diejenigen, welche selbst nicht mitarbeiten wollen, einen Zuschufs geben oder aber ihr Bergwerkseigentum verlieren. Einen ganz ähnlichen Fall enthält auch das Trientiner Statut von 1208 [2]. Anders liegt der Fall, den wir in der Freiberger Bergordnung B finden. Dort ist die Rede von einem Gewerken, der „uzwendig des landes were", dieser will sein Bergwerkseigentum behalten und zahlt deshalb einen regelmäfsigen Geldbeitrag, er hat „syne teyl alzo bestalt, daz syne koste gefyle", d. h. geschickt wurde [3].

Ferner kommen die Fälle in Betracht, dafs Gewerken ihre Bergwerksanteile auf Töchter vererben [4].

Man könnte diese Quellenbeispiele noch um einige vermehren, jedoch die Situation ist an sich einfach und deutlich. Veränderungen der wirtschaftlichen Lage, Auswanderung, Erbgang und Ähnliches mehr waren mächtige Faktoren, die manchen Teilbesitzer aus dem Kreise der arbeitenden Gewerken herauszogen. So entstand daneben ein Kreis der kostgebenden Gewerken.

Für diese Trennung von Kapital und Arbeit ist charakteristisch, dafs die Kapitalisten aus dem Stande der arbeitenden Gewerken hervorgehen, sei es, dafs sie selbst einst mit Hand

---

[1] Freiberger Bergordnung A, § 21 am Ende.
[2] Codex Wangianus, S. 446.
[3] Freiberger Bergordnung B, § 33.
[4] Voltelini, Südtiroler Notariatsakten 1236, No. 495.

angelegt hatten, sei es, daſs ihre Väter zu den arbeitenden Gewerken gehörten.

II. Jedoch die Entstehung des Kostvertrages beruht ferner auf einem andern wirtschaftlichen Umschwung, der vielleicht von noch gröſserer Bedeutung war: nämlich auf dem Aufkommen des Stollenbaus. Der alte Grubenbau war unzulänglich geworden. Stollen muſsten errichtet werden, und im Anschlusse an die Stollen Schächte und Ortstriebe. Nun wurden Maschinerien, Pumpwerke erforderlich. Geldmittel! Man brauchte Kapital.

Die Quellen berichten uns, daſs die Gewerken sich des Kostvertrages bedienten, um sich Kapital zu verschaffen. Sie gewährten anderen Personen Anteil am Ertrage des Bergwerks, wogegen diese sich verpflichteten, regelmäſsig Kost zum Bergwerksbetriebe zu liefern[1]. Zu diesem Zwecke zog man auch auswärtiges Kapital heran. In den Bergstädten lieſsen sich Leute als Verweser, Procuratores[2] nieder, die die Interessen der auswärtigen Kapitalisten wahrnahmen, indem sie rechtzeitig von der Fälligkeit der Kost Mitteilung machten und die Zahlungen kontrollierten und vermittelten.

Diese Beteiligung auswärtigen Kapitals am Bergbau scheint im Anfange auf Schwierigkeiten gestoſsen zu sein.

In der Trienter Bergordnung von 1208 findet sich die Bestimmung, daſs nur Bürger von Trient Mitglieder von Gewerkschaften sein dürfen. Man nahm früher an, daſs diese Bestimmung nichts anderes sei, als ein Überbleibsel aus älterer Zeit, ein Zeichen dafür, daſs von jeher nur eingesessene Bürger den Bergbau ausüben durften[3].

Diese Erklärung paſst jedoch nicht recht in den Zusammenhang der Dinge. Denn die Bergordnung von 1208

---

[1] Freiberger Bergordnung A § 14. Hierzu sei bemerkt, daſs in den Quellen das Wort „bauen" sich nicht auf die Handarbeit allein bezieht. Auch derjenige, welcher nur Kost zahlt, „baut den Berg". Man baut mit „Gelde" oder mit „Arbeit". Vergl. Freiberger Urkundenbuch B II, S. 236.

Es ist interessant, zu sehen, daſs sich gerade bei denjenigen Betrieben, die mit Pumpwerken, mit „Rotae" arbeiten, frühzeitig diese Unterscheidung von Kapitalisten und arbeitenden Gewerken zeigt. So unterscheidet schon das Trientiner Statut von 1208 „Werchi qui rotas habent" von „Werchi qui ad rotas laborant".

Ein Beispiel aus etwas späterer Zeit enthält ein Prozeſs. In den Akten wird mitgeteilt, daſs die Gewerken 11 Wochen gebaut haben, ohne Erz zu finden. Da es ihnen nun an Geld mangelt, werden den Gewerken eines Erbstollens Anteile angeboten und dafür Kost von ihnen verlangt. Freiberger Urkundenbuch Bd. II, S. 238.

[2] Iglauer Bergrecht § 20. Auch ist das Recht, das kein besteller von syns selbis vorsumenisse u. s. w. § 28. Ist das ymant teil hat an eyme gebirge unde auſserhalb landes ist, vorsumet syn besteller adir syn pfleger drey gedinge u. s. w. Ähnlich Freiberger Bergrecht B, § 26. In den Constitutiones Wenceslai liber I Titel de procuratoribus.

[3] Achenbach, Deutsches Bergrecht, S. 76.

war keine private Niederschrift alter Gebräuche. Der energische Bischof Friedrich von Wanga hatte sie vielmehr erlassen, um dem niedergehenden Bergbau wieder in die Höhe zu helfen. Was aber sollte hierfür die beschränkende Bestimmung taugen?

Allenthalben hatte man fremde Bergleute aus Deutschland herangezogen und von deren Erfahrung grofsen Nutzen gezogen. Weshalb sollte das in Trient nicht geschehen sein? Die Erklärung Achenbachs pafst also offenbar nicht in den Entwickelungsgang. Arndt hat nachgewiesen, dafs die Erklärung Achenbachs falsch war. Aus älteren Urkunden ergiebt sich, dafs thatsächlich zahlreiche fremde Bergleute nach Trient gezogen wurden. Die Vorschrift der Trientiner Ordnung beweist mithin nicht, „dafs ursprünglich nur die Gemeindegenossen Bergbau treiben durften; vielmehr bestätigt sie, scheint mir, gerade umgekehrt, dafs, während in Trient ursprünglich die Fremden Bergbau trieben, es erst später zweckmäfsig erschien, sämtlichen Bergleuten zu befehlen, dafs sie das Bürgerrecht erwerben sollten"[1].

Die Bestimmung der Trientiner Bergordnung erscheint daher nicht als Überbleibsel aus alter Zeit, sondern als eine neue Mafsregel. Meines Erachtens ergiebt sich aus dem Zusammenhange der Bergordnung, dafs sich diese Mafsregel gegen die Beteiligung auswärtigen Kapitals richtet[2]. Eine Erklärung, die auch mit der Haltung des Meifsener Statuts von 1328 übereinstimmen würde.

Aus der Beteiligung fremden Kapitals erwuchsen nämlich für den Bergbau gewisse Schwierigkeiten und Gefahren. Denn wenn auch der Kapitalist Mitglied der Gewerkschaft war, so stand er doch faktisch aufserhalb des Kreises der Bergleute. Er wohnte oftmals gar nicht an dem Orte, wo der Bergbau betrieben wurde, und war somit dem direkten Einflusse des Regalherrn entzogen. Diesen Zustand hat man, wie es scheint, für nicht unbedenklich gehalten. Das Statut, welches der Markgraf von Meifsen im Jahre 1328 erliefs, beschäftigt sich mit der Frage, was zu thun sei, wenn ein Gewerke, der nicht im Land wohne, seine Kost verweigere[3].

Wenn die Regalherren so der Beteiligung auswärtigen Kapitals anfangs mifstrauisch gegenüberstanden, so konnten sie doch die wirtschaftliche Bewegung nicht in andere Bahnen leiten. Auch mufste bald die Überzeugung durchdringen, dafs

---

[1] Arndt, Bergregal, S. 90.
[2] Das Verbot der Beteiligung von Nichtbürgern befindet sich gerade in jenem Satze, in welchem die Unterscheidung gemacht ist zwischen „werchi qui rotas habent" und „werchi qui ad rotas laborant".
[3] Freibg. Urkb. B. II, S. 6. Ist daz ymand uzwendig des landes buet, der hab eynen man, der gancze gewalt habe zue antwertin und zue tuen vor syne teyl, ez were an koist an willekur edir an andirn sachin, daz von syner weyne daz bercwerk icht gehindirt werde.

ohne genügende Kapitalbeteiligung die Durchführung gröfserer Stollenbauten unmöglich sei. So kommt es, dafs wir in den Bergordnungen von Freiberg und Iglau sowie in den Constitutiones Wenceslai II. ein derartiges Verbot nicht mehr finden, im Gegenteil geht aus mehreren Stellen hervor, dafs fremde Kapitalisten am Bergbau beteiligt waren[1]. Man schützte vielmehr jetzt den Bergbau in der Weise, dafs man den Kostvertrag aufs sorgfältigste regelte, und dafs man besonders schleunige prozessuale Mittel schuf, um dem Kapitalisten, der seinen Verpflichtungen nicht nachkam, entgegenzutreten.

Die sorgfältige Art, in der der Kostvertrag geregelt wurde, läfst erkennen, dafs diesem Rechtsinstitut im 13. und 14. Jahrhundert eine erhebliche Bedeutung zukam. Nicht nur der Abschlufs des Vertrages, die Pflichten und Rechte der Parteien sind geregelt, sondern alle möglichen Eventualitäten ins Auge gefafst, ja, es ist sogar, wie bereits erwähnt, eine eigene Prozefsordnung für den Kostvertrag geschaffen worden.

Alles dies zeugt davon, dafs der Kostvertrag eine erhebliche Rolle im Bergwerksbetriebe spielte, denn für ein Vertragsverhältnis, das nur selten zur Anwendung kam, hätte es eines solchen Aufwandes nicht bedurft. Und weiter! Ein Vergleich der Freiberger Bergordnung A (etwa vom Jahre 1307) mit Freiberger Bergordnung B (vom Jahre 1347), zeigt deutlich, dafs der Kostvertrag, der schon zu Beginn des 14. Jahrhunderts eine erhebliche Bedeutung hatte, noch mehr in Gebrauch kam.

Die Freiberger Bergordnung A ist nämlich in manchen Fragen, welche das Recht des Kostvertrages betreffen, von einer auffallenden Unsicherheit. Ob dies oder jenes recht sei, wird oftmals nicht entschieden, sondern es wird als zweifelhaft hingestellt[2]. In der Freiberger Bergordnung B dagegen finden sich völlig sichere und feste Bestimmungen. Die Routine, der Gerichtsbrauch haben in kurzer Zeit feste Normen geschaffen. Besonders interessant aber ist es, zu sehen, nach welcher Richtung hin sich diese Bestimmungen in dem Zeitraum von 40 Jahren verändert haben. Während in A noch erörtert wird, ob nicht notwendig sei, den Kostvertrag vor dem Berggericht abzuschliefsen, wenn es klagbar sein

---

[1] Constitutiones Wenceslai liber I de procuratoribus. Iglauer Bergrecht § 28, Freiberger Bergordnung B § 33.

[2] Freiberger Bergordnung A § 14, § 16. Als Beispiele für solche unentschiedene Stellen mögen folgende Sätze des Freiberger Bergrechts A dienen:

In § 14 heifst es: Ist denne das eyn man clagen mus ober teil, mag her geclagen ober teil, do nicht vordinget ist offentlich und deme richtere wissentlich?

§ 15: .... mag her geclagen deme richtere uf deme margte adir uf der czeche, ab iz craft habe, adir ab her des richters gesynde clayt, ab der richter doheyme nicht enwere?

soll, ist nach B die Herbeiziehung des Richters nicht erforderlich. Der Vertragsschlufs wird somit erleichtert. In ähnlicher Weise hat der Prozefs eine Erleichterung erfahren. In A erscheint es zweifelhaft, ob die Klage gegen den Kostverweigerer nicht im Ding, d. h. in der ordentlichen Gerichtssitzung zu erheben sei. In B dagegen heifst es ausdrücklich, dafs an jedem beliebigen Tage die Klage erhoben werden könne, gleichgültig, ob Gerichtssitzung stattfinde oder nicht. Ja, die Klage könne sogar, falls der Bergrichter zufällig nicht angetroffen werde, einem seiner Angestellten mit Rechtswirkung vorgetragen werden.

Schliefslich wird der Prozefs in B noch mehr beschleunigt, als es in A der Fall war, indem die Prozefsfristen erheblich abgekürzt werden[1].

Alle diese Veränderungen, die im wesentlichen in einer Erleichterung des Vertragsschlusses und in einer Beschleunigung des Verfahrens bestanden, lassen auf eine wachsende Verbreitung des Kostvertrages schliefsen. Dafs diese Veränderungen in relativ kurzer Zeit erfolgt sind, ist ein Beweis dafür, dafs man zu Anfang des 14. Jahrhunderts dem Kostvertrage ganz besondere Aufmerksamkeit schenkte.

§ 3. Die rechtliche Regelung des Kostvertrages.

Unter den Bergordnungen des 13. und 14. Jahrhunderts handeln folgende vom Kostvertrage[2]:

1. die Goslarer Ordnung von 1271;
2. die Constitut. Wenc. von 1300;
3. die Freiberger Bergordnung A von 1307;
4. die Iglauer Bergordnung von 1310;
5. das Meifsener Statut von 1328;
6. die Freiberger Ordnung von 1347.

Abgesehen von der bereits erwähnten geringfügigen Differenz zwischen den beiden Freiberger Bergordnungen,

---

[1] Z. B. Freiberger Bergrecht B, § 24. Von Clage umme teyl: Ist daz eyn man clagen mus obir erbehaftige teyl dy yre kost nicht engebyn, den teylen mus er myt clage nochvolgen acht tage von rechte. Dagegen heifst es in dem älteren Freiberger Bergrecht A, § 17: do mus her clagen dry firczehin tage obir.

[2] Dagegen ist es zweifelhaft, ob sich folgende Stelle des Trientiner Statuts von 1208 auf die Regelung des Kostvertrages bezieht (die Stelle enthält einige latinisierte Ausdrücke aus der deutschen Bergmannssprache und erscheint daher einigermafsen dunkel).
Item si aliquis partem habet in monte arzenterie, et major pars sociorum suorum voluerit ibi laborare, precipimus, quod omnes socii illius laborerii teneantur bareitare, et si quis eorum per XV dies non bareitaverit et raitungum tenuerit laboratoribus, ipso jure cadat ille a sua parte laborerii illius, et pars illa tota ad alios socios illius laborerii omnes deveniat, et exinde quiete ipsi illam possideant. (Cod. Wang., S. 446.)

zeigen die Quellen in der Behandlung des Kostvertrages keine erhebliche Abweichung von einander. Der Vertrag war in folgender Weise geregelt:

a) Die beiden Formen des Kostvertrages.

Der Kostvertrag erscheint in zwei Formen. Einmal als „kost uf tage", zweitens als „kost zu wurffen". So in Freiberger Ordnung A § 17 [1]. Aus dem Zusammenhange ist ersichtlich, dafs sich dies auf folgende Unterschiede bezieht:

Beim Kostvertrage uf tage war die Bestimmung getroffen, dafs der Kostgeber seinen Beitrag in bestimmten Zeitabschnitten zu zahlen habe. Im Gegensatz hierzu war für die kost zu wurffen die Abrede wesentlich, dafs der Kostpflichtige eine bestimmte Summe dann zu zahlen habe, wenn eine bestimmte Strecke von den Gewerken abgebaut sei. Aus den Quellen geht hervor, dafs der „Stufenschläger" den Umfang der

---

Es fragt sich, wie die Worte „bareitare" und „raitungum tenere" zu verstehen sind. Beides sind deutsche Worte von gleichem Stamm, die der Herausgeber des Cod. Wang. sowohl, wie die bergmännischen Lexika, mit „berechnen" übersetzen. In Österreich kehrt der Ausdruck „raitung" ferner in der Zusammensetzung „raitbuch" noch im 16. Jahrhundert wieder und bedeutet „Abrechnung, Rechnungsbuch".

Betrachtet man nun die aus der Trientiner Bergordnung citierten Sätze, so ergiebt sich folgendes:

Wenn jemand Teil hat an einem Bergwerk, und der gröfsere Teil seiner Genossen wollte dort arbeiten, so gilt folgende Bestimmung: Alle Genossen sind gehalten, eine Berechnung vorzunehmen. Wenn einer von ihnen innerhalb 15 Tagen diese Berechnung nicht vorgenommen hat und den Arbeitenden gegenüber dieser Abrechnung nicht nachgekommen ist, so verliert er ipso jure seinen Anteil, und der ganze Teil kommt seinen Genossen zu gute, die ihn unangefochten besitzen dürfen.

Wenn man diese Vorschrift, wie es auf den ersten Blick richtig zu sein scheint, auf das Verfahren der Zubufse bezieht, so wird man sich an dem Worte „Laboratoribus" stofsen. Denn die Zubufse wurde der gesamten Gewerkschaft gezahlt, nicht nur den arbeitenden Gewerken allein.

Ebenso wenig läfst sich die Stelle durch die Annahme erklären, dafs hier von einem Arbeitsvertrage die Rede sei, denn erstens war im Anfange des 13. Jahrhunderts die Lohnarbeit noch sehr wenig verbreitet. Ferner spricht dagegen jene Bestimmung des Trientiner Statuts, dafs nur derjenige Gewerke, der zehn Pfund Abgabe zahlt, sich einen Arbeiter halten dürfe, und zwar heifst es „tantum unum manualem concedimus". (Cod. Wang., S. 447.)

Wenn man so weder die Zubufsepflicht, noch den Arbeitsvertrag zur Erklärung der citierten Stelle heranziehen kann, so bleibt die Möglichkeit, die Bestimmung auf den Kostvertrag zu beziehen. Allerdings ist diese Deutung nicht über allem Zweifel erhaben, und es ist deshalb die citierte Stelle des Trientiner Statuts für die folgende Darstellung nicht verwertet worden.

[1] Ist abir, das dy gewerken willekurn vor deme bergmeistere ire kost czu wurffen czu geben adir uf tage, wenne dy ersten wurfe der pheninge vordynet werden, so mag man clagen, is ensy denne, das dy gewerken eyne andire willekore machen vor deme bergmeistere.

abzubauenden Strecke durch Stufen im Gestein markierte, und dafs er nach Beendigung der Arbeit feststellte, ob die Strecke abgebaut, mithin die Kost fällig sei. Der Stufenschläger war, wie es in der am Ende des 15. Jahrhunderts erschienenen Brückmannschen Glosse heifst, „ein Steiger", „der do pfleget die stuffen zu slan, wenne man vordinget"[1]. In seiner Wirkung mufs sich der Vertrag zu wurffen vom Vertrage zu tage etwa so unterschieden haben, wie sich der Stücklohnvertrag vom Zeitlohnvertrage unterscheidet. Denn bei der kost uf tage war die Zahlung völlig unabhängig vom Fleifse der arbeitenden Gewerken. Die Arbeitenden erhielten vielmehr das gewünschte Kapital in bestimmten Raten und Fristen, gleichviel ob sie in der abgelaufenen Frist viel oder wenig gefördert hatten. Beim Kostvertrage zu wurffen dagegen, waren die einzelnen Raten in kürzeren oder längeren Perioden zu zahlen, je nachdem die Arbeit schnellere oder weniger schnelle Fortschritte gemacht. So diente der Kostvertrag zu wurffen offenbar dazu, die arbeitenden Gewerken zu schneller Arbeit anzuspornen.

b) Der Abschlufs des Vertrages[2].

Vertragsparteien sind die Gewerken. Arbeitende Gewerken einerseits, kostzahlende Gewerken andererseits[3]. Diese versammelten sich unter dem Vorsitz des Bergrichters zu einer bestimmten Stunde im Bergwerke. Die Quellen enthalten Angaben darüber, was zu geschehen habe, wenn einer der Gewerken fehle u. s. w. Die qualifizierte Majorität von $^3/_4$ resp. $^5/_8$ gab den Ausschlag[4]. Auf der anderen Seite stand der Kostgeber, der seine Gegenbedingungen stellte.

---

[1] Johann Brückmann fertigte als Stadtschreiber von Freiberg am Ende des 15. Jahrhunderts eine Glosse zur Bergordnung B an. Vergl. Ermisch, Sächs. Bergrecht, S. 102.

[2] Den Abschlufs des Kostvertrages bezeichnen einige Quellen als „Gedinge". So z. B. das Freiberger Recht A, das Iglauer Recht und das Freiberger Recht B. Seit dem Aufkommen der Lohnarbeit versteht man unter „Gedinge" den Stücklohnvertrag im Bergbau. An sich bedeutet jedoch „Verdingen", „Gedingeschliefsen" nichts anderes als die Einigung der Parteien über eine Leistung.

[3] Es ist die Behauptung aufgestellt worden, dafs die Kost „jener Betrag gewesen sei, der nötig war, um den Betrieb an seinerstatt (d. h. an Stelle des kostgebenden Gewerken) durch Lohnarbeiter besorgen zu lassen". Zycha, Das Recht des ältesten deutschen Bergbaues, S. 108. Nach dieser Ansicht wäre die Lohnarbeit vom Kostvertrage unzertrennlich. Wenn nun auch in späterer Zeit, etwa im 15. Jahrhundert, als die Lohnarbeit allgemein verbreitet war, die Kost zur Bezahlung von Lohnarbeitern an Stelle der kostgebenden Gewerken verwendet wurde, so gehört doch diese specielle Verwendung der Kost keineswegs unbedingt zum Wesen des Kostvertrages. Hierüber siehe unten.

[4] Igl. § 15, Absch. 3. Nymant mag auch des andirn teil vorlyhen wedir synen willen. Ist abir, das man wil vorlyhen uff eynem berge

Mit dieser Verdingung, dieser Einigung der Parteien, hat der Kostgeber jedoch noch kein Anrecht erworben. Denn entsprechend den deutsch-rechtlichen Grundsätzen [1] genügt der Konsens der Parteien allein nicht. Vielmehr wird der Vertrag erst perfekt, sobald die erste Rate des Kostgeldes bezahlt ist. Erst durch die Kostzahlung entsteht ein klagbares Recht „dy wyle her ym keyne kost gibt, so endarff her nicht clagen obir dy teil, her gibt ymande teil, ab her wil, adir lest is, ab her wil, mit rechte"[2].

Mit dieser Auffassung von der Wirkung der ersten Kostzahlung stimmt auch A § 9 überein, wo es heifst: „Kumpt jenre, des das erbe is, und vordert syn ackirteil, das ist eyn czweyunddristeil, und butet syne kost wissentlich czweyn erhaften mannen, ee man kerben und seil ynwirft, der hat is mit rechte."

c) Rechte und Pflichten der Parteien.

Nunmehr ist das Recht des Kostgebers auf „Eygenschaft", d. h. auf Beteiligung am Ertrage, entstanden, wogegen er verpflichtet ist, die fällige Kost zu zahlen.

Über die Frage, wann die Kost fällig war, konnten bei der kost uf tage nicht leicht Unklarheiten entstehen.

Anders bei der kost zu wurffen, hier bedurfte es einer formellen, im Gesetze geregelten Feststellung, ob die Kost fällig war. Über diese Feststellung enthalten die Iglauer und Freiberger Ordnungen folgendes:

Der Stufenschläger, d. h. der Steiger, welcher beim Abschlusse des Kostvertrages zugegen war, und der mithin die Bedingungen kannte, nahm eine Vermessung vor und gab darauf an, ob die Kost fällig sei, oder wie es in den Quellen heifst, „ob die Pfennige verdient seien". Darauf mufsten sich die Gewerke, die die Kost zu fordern hatten, an den Bergmeister wenden. Dieser prüfte seinerseits den Sachverhalt.

---

adir uff eynem stollen, so sal der bergmeister den gewerken an eyme sontage adir an eym andirn tage, welchir yn gefellet, uff das gebirge czusammene gebiten, unde was do vorlegin wirt unde beschreben, das hat craft. Ist abir, das dy drye schicht dar komen unde dy vierde nicht, kumen halt fumf achteil und dy drye nicht, dy virde schycht noch dy drye achteil mogen nicht gehyndern; dy andern vorlyen, weme sy wollen.

Ebenso Freiberger Bergrecht B § 30.

[1] Der vor wenigen Jahrzehnten herrschenden Ansicht, dafs im deutschen Rechte der Grundsatz der Formlosigkeit der Verträge gelte, trat Sohm (im ersten Bande von Grünhuts Zeitschrift) entgegen. Sohm erklärte, dafs das deutsche Recht den Konsensualvertrag nicht kenne, sondern durchweg erst mit der Vornahme bestimmter Formen oder mit der Vorleistung den Vertragsschlufs statuiere. Dieser Ansicht hat sich auch Stobbe, der früher das Princip der Formlosigkeit vertrat, angeschlossen.

[2] Freib. B. A. § 14.

Nunmehr wurde die Kost „angeheischt", d. h. der Bergmeister oder ein Bote des Bergmeisters begab sich mit einem der Gewerken zum Kostpflichtigen oder seinem Vertreter und teilte ihm mit, daſs eine Rate der Kost fällig sei[1].

Die Zahlung erfolgte nun entweder direkt seitens des Kostpflichtigen, oder aber, sofern dieser nicht im Lande war, durch seinen Vertreter.

Über dies Vertreter-Verhältnis bestehen in den Bergordnungen gewisse Widersprüche. Die Frage nämlich, inwieweit die Handlungen des Vertreters für und gegen den Vertretenen Rechtswirkung haben, wird verschieden beantwortet. So heiſst es einmal in Igl. § 20: „Auch ist das Recht, das kein besteller von syns selbis vorsumenisse, is sye an koste adir an andern dingen, nymant syner teil icht vorwircken adir vorlysen mag." Dagegen heiſst es im § 28: „Ist das ymant teil hat an eyme gebirge unde auſserhalb landes ist, vorsumet syn besteller adir syn pfleger drey gedinge, daz er syner kost darczu nicht gibet, er vorlust syne teil mit rechte." Mit dieser letzteren Regelung stimmen die Constitutiones Wenceslai und das Freiberger Bergrecht B. überein. Der Widerspruch besteht also innerhalb der Iglauer Bergordnung. Einmal hatten hier die Handlungen des Vertreters keine Rechtswirkung für und gegen den Vertretenen, sofern diese Handlungen nicht dem Willen des Vertretenen entsprachen. In der zweiten Stelle wird das Gegenteil behauptet. Sowohl in der Ausgabe von Ermisch, wie in der von Tomaschek findet sich dieser Widerspruch[2].

Es fragt sich, wie dieser Widerspruch zu erklären ist.

Aus dem Handschriftenapparat, den Ermisch seiner Ausgabe beigefügt, ist hierüber folgendes zu ersehen: Die älteste Handschrift, die aus dem 14. Jahrhundert stammt, enthält den Widerspruch noch nicht. Vielmehr wird lediglich bestimmt, daſs Versäumnisse des Vertreters keine Rechtswirkung gegen den Vertretenen haben. Für das Rechtsverhältnis des Kostpflichtigen kommen daher Handlungen des Vertreters nur insoweit in Betracht, als sie vom vertretenen Kostpflichtigen gewollt sind.

Die Handschriften aus dem 15. Jahrhundert stimmen fast sämtlich hiermit wörtlich überein. Auch sie enthalten mit Bezug auf das Vertreter-Verhältnis keinen Widerspruch. Nur ein Abdruck und eine Abschrift aus dem 15. Jahrhundert und

---

[1] Über die Bestellung eines Vertreters enthält das Meiſsner Statut von 1328 die Bestimmung: „Ist daz ymand uzwendig daz landis buet, der hab eynen man, der gancze gewalt habe zue antwertin und zue tuen vor sine teyl, ez were an koist, an willikur edir an andirn sachin, daz von siner weyne daz bercwerk icht gehindirt werde."
[2] Tomaschek, S. 16 u. 17. Ermisch, S. 34 u. 36.

zwar vom Ende des 15. Jahrhunderts fügen zu der ersten Bestimmung die zweite, die das Gegenteil besagt, hinzu.

Aus diesem Sachverhalte darf man wohl den Schluſs ziehen, daſs ursprünglich ein Gegensatz bestand zwischen dem sächsischen Recht mit seiner objektiven Auffassung des Vertreter-Verhältnisses und dem böhmischen Recht, welches die subjektiven Momente, den Willen des Vertretenen, berücksichtigte.

Für das in Böhmen entstandene Bergrecht ist dies durchaus charakteristisch. So ist z. B. auch die Joachimsthaler Bergordnung von 1541 die erste gewesen, die beim Kontraktbruche des Gedingarbeiters das subjektive Moment, das Verschulden, in Betracht zog[1].

Für das Vertreterverhältnis jedoch scheint die rein objektive Auffassung praktischer gewesen zu sein. Denn der Nachweis, ob eine Handlung des Vertreters vom Kostpflichtigen gewollt sei oder nicht, erübrigte sich, sobald ein für allemal bestimmt war, daſs der Kostgeber für Handlungen seines Vertreters verantwortlich sei. Schnelligkeit des Verfahrens aber lag durchaus im Interesse des Bergbaues.

So mag diese Bestimmung, die sich in allen späteren Bergordnungen findet, entstanden sein. Der Kostpflichtige kam in Verzug, wenn sein Vertreter die fällige Kost nach der Anheischung nicht zahlte, gleichviel ob den Kostpflichtigen selbst ein Verschulden traf oder nicht.]

d) Der Vertragsbruch.

Die Regelung der Rechtsfolgen des Vertragsbruches nimmt in den Bergordnungen des 13. und 14. Jahrhunderts einen erheblichen Raum ein. Und mit gutem Grunde! Denn wenn der Kostpflichtige nicht zahlte, so stockte der gesamte Bergbau[2]. Die Bergerträgnisse verringerten sich und mit ihnen der Königszehnt. „Zu des Königs Nutz und zu des Gebirges Fürderunge" sollte aber gebaut werden, daher der Eifer, mit dem alle Betriebsstockungen beseitigt wurden[3], daher die

---

[1] Vgl. Sickel, Der Vertragsbruch, S. 144.

[2] In den Prozeſsakten sind uns manche Beispiele erhalten, die das erweisen. So klagt ein Gewerke, ihm sei die Kost über zwei Jahre nicht bezahlt worden, „dodurch ich iren und ander gewerken versewnlichkeit halben myn eigen gelt uff dy zcechen verbauwet habe, als ich wol berechen kan, also lange, das ich mit ettlichen gewerken, der so wenig was, dy zceche nymmer erhalden konde", Freib. Urk. B. S. 312. B. 2.

[3] Charakteristisch hierfür ist Liber I Cap. de officio scansorum der Const. Wenceslai. Dort heiſst es: der Steiger habe Tag und Nacht darauf zu achten, daſs nirgends der Betrieb stocke. Finde er irgendwo ein Lehen unbesetzt, so habe er sofort den „Custodes" (den Hutmännern, d. h. Vertretern der Gewerken) Mitteilung davon zu machen, daſs sie das Lehen in Arbeit geben möchten. Konnte er keinen Hutmann finden, so durfte der Steiger ohne weiteres das Lehen verleihen, „ne nostrum argentifodium ulla parte vacuum remaneret et incultum". Schmidt, S. 13.

Sorgfalt, mit der man den Vertragsbruch zu verhindern oder doch nach Möglichkeit unschädlich zu machen suchte, daher die Strenge der Gesetzesbestimmungen und die Strenge der Rechtsprechung, die in einem Urteil von Iglau mit den Worten motiviert wird: „und das chumt davon, wanne gepeu auf perkwerk kainen aufschub ane schaden mag getragen" [1].

Drei Mittel kennt das Bergrecht, um den Vertragsbruch zu verhüten bezw. zu bestrafen:
1. die Sicherheitsleistung,
2. die Pfändung,
3. den sog. „Prozeſs um Teile".

ad 1. Sicherheitsleistung verlangt das Meiſsner Statut von 1328. „Die Gewerken sollen vor ir koist sulche gewizheit tun entsweder mit burgin edir mit willekur, daz si des gewis werdin, daz keyn hindernisse icht gesche." Für diese zur Sicherheit hingegebenen Pfänder galt die Sonderbestimmung, daſs sie ohne Aufgebot vom Pfandgläubiger verwertet werden durften, sobald der Schuldner nicht zahlte [2].

ad 2. Konnten sich die arbeitenden Gewerken aus den hingegebenen Pfändern nicht völlig befriedigen, so hatten sie das Recht, Eigentum des Kostpflichtigen zu pfänden. Dieses Recht zur Pfändung war mit Rücksicht auf die groſse Bedeutung einer regelmäſsigen Kostzahlung sehr ausgedehnt. So durften sogar die regelmäſsig unpfändbaren Erze bei versäumter Kostzahlung gepfändet werden [3].

ad 3. Die Hauptwaffe aber gegen säumige Kostzahler bot der im Bergrecht sogenannte „Prozeſs um Teile".

Zweck des Prozesses war: dem säumigen Kostpflichtigen seinen Anteil am Bergwerke zu entziehen. Das Verfahren hatte sich erst allmählich herausgebildet. In der Trientiner Bergordnung ist von einem solchen besonderen Prozesse noch nicht die Rede. In Trient vielmehr geschah der Übergang der Teile vom säumigen Schuldner auf den Gläubiger ipso jure. Sobald nur festgestellt war, daſs die Kost nicht bezahlt war, verlor der Kostpflichtige seinen Anteil ohne weiteres, und die zum Empfange der Kost berechtigten Gewerken wurden damit ohne weiteres Eigentümer dieses Berganteils.

Im späteren Recht hat sich dies jedoch wesentlich geändert. Sobald nämlich der Kostpflichtige durch die Zahlung der ersten Rate ein Anrecht auf einen Berganteil gewonnen hat, konnte ihm dieser nur im Wege des Prozesses entzogen

---

[1] Aus einem Urteile des Oberhofs von Iglau. Tomaschek, Das alte Bergrecht von Iglau, S. 20.
[2] „Was man phant um dieselbe kost vorsetzet, die mak der perkmaister oder der perkscreiber oder die gewerken alzuhant an alles aufgepot hin zu den christen oder hin zu den juden versetzen."
[3] Iglauer Bergordnung § 21. Is enmag auch kein man des andern ercz uff dem berge vorbiten adir vorsprechen umme keine schulde, wenne alleine umme dy sammekoste der gewercken.

werden. Dies war der Prozeſs um Teile, der damals im Bergrecht eine erhebliche Rolle gespielt zu haben scheint.

Der Prozeſs zerfiel in drei Teile:
1. die Klageerhebung,
2. die Verhandlung,
3. das Aufgebot der Teile.

Die Klage muſste dreimal erhoben werden. Dreimal an aufeinander folgenden Werktagen. Offenbar sollte damit den Parteien und dem Richter Gelegenheit gegeben werden, das streitige Verhältnis kennen zu lernen.

War die Klage dreimal erhoben worden, so trat der Richter in die Verhandlung ein. Hier diente als Hauptzeuge der Stufenschläger, d. h. der Steiger, der beim Vertragsschlusse das Grubenfeld durch Stufenschlag markiert hatte. Erklärte der Stufenschläger bei seinem Eide, daſs das von ihm abgegrenzte Grubenfeld abgebaut worden sei, daſs mithin die Pfennige verdient seien, so erkannte der Richter, daſs das Eigentum an dem dem Kostpflichtigen gehörenden Bergteil auf den Kläger übergehen solle.

Zu diesem Zwecke wurde der Bergteil „aufgeboten", d. h. dem Kläger wurde von dem Richter ein Gewerke beigegeben, der in der Zeche und auf dem Markte der Stadt den Eigentumsübergang verkündete.

Der Säumige hatte damit jedes Anrecht auf den Ertrag verloren. Das Kostverhältnis war aufgelöst[1].

---

[1] Die Vorschriften über den Prozeſs um Teile finden sich im § 14, § 15, § 16, § 17 des Freiberger Rechts A und im Freiberger Recht B, §§ 21—24. Es ist dort unterschieden, ob sich die Klage auf gemessene Gänge, freie Gänge oder Erbstollen bezieht. Die Prozesse unterscheiden sich in den drei Fällen nur dadurch voneinander, daſs die Fristen, die zwischen den einzelnen Klageerhebungen liegen, verschieden sind.

Als Beispiel diene die älteste Vorschrift über den Teilprozeſs. Freib. A, § 14. Wy man clagen dorfe uber teil und wy man is mite halden sulle.

Ist das eyn man buwit, der eyn buer heyst, und gibt teil eynem andirn manne, das her sy mit ym buwe, dy wyle her ym keine kost gibt, so endarff her nicht clagen obir dy teil, her gibt ymande teil, ab her wil, adir nicht is, ab her wil mit rechte. Ist is abir, das her ym eyns kost gibt adir me, so mag her is ym czu rechte nicht geloukenen, her mus dorubir clagen und mus sy ym abegewynnen, als recht ist. Wer is abir, das derselbige syne kost gebe wissentlich synen gewerken und wer by den gedingen gewesen, und jenre welde ym denne loukenen, her hette joch ercz adir nicht, und ab ym syne gewerken des gestunden, das her recht und redelich gebuwet hette, muchte her is abir bas behalden mit synen gewerken, wenne ym jenre alleyne davor gesweren muchte. Is denne, das eyn man clagen mus ober teil, mag her geclagen ober teil, do nicht vordinget ist offentlich und deme richtere wissentlich?

Zweiter Abschnitt. Die Lehnschaft.

§ 4. Die Quellen.

Die Quellen sprechen von „Concessiones, Verleihungen, Lehnschaft", wenn Gewerken einen Teil ihres Bergwerks an andere Bergleute verleihen.

Die belehnten Bergleute, die sogenannten Lehnhäuer, bebauen das ihnen zugewiesene Gebiet nach eigenem Ermessen und im eigenen Interesse. Als Entgelt führen sie einen Bruchteil des Ertrages an die Gewerken ab.

Dies Rechtsinstitut hat im 13. und 14. Jahrhundert, bevor sich die Lohnarbeit allgemein verbreitete, eine wichtige Rolle im Bergbau gespielt[1].

Die Quellen jener Zeit, die uns über die Lehnschaft Nachricht geben, sind vor allem: Das Goslarer Bergrecht, das Bergrecht von Iglau, die Freiberger Bergordnung und die Constitutiones Wenceslai. Ferner geben die mit ausführlichem Thatbestand versehenen Urteile des Oberhofs von Iglau und des Freiberger Berggerichts ein anschauliches Bild von der Stellung der Lehnhäuer.

In den Constitutiones Wenceslai nehmen die Bestimmungen über die Lehnschaft einen ganz besonders breiten Raum ein. Der gröfste Teil des dritten Buches handelt davon. Es ist jedoch zu bemerken, dafs das Lehnschaftsverhältnis in den Constitutiones in anderer rechtlicher Gestaltung erscheint, als in den übrigen Quellen. Die Stellung der Lehnhäuer hat nämlich eine erhebliche Veränderung erfahren.

---

[1] Die Lehnschaft hat sich, auch nachdem die Lohnarbeit zum Hauptfaktor des Bergbetriebs geworden war, noch weiter erhalten, besonders in Österreich, wo die Lehnschaft noch im 16. Jahrhundert aufs sorgfältigste geregelt wurde (Bergordnung für die Bergwerke in Österreich 1517), dann aber ganz besonders in Württemberg. S. Wagner, S. 556, jedoch tritt sie im allgemeinen gegenüber der Lohnarbeit durchaus in den Hintergrund.

Diese Abweichung der Constitutiones Wenceslai von den übrigen Bergrechten erklärt sich aus der Entstehung der Quellen.

Schon in dem Abschnitte über die Quellen wurde darauf hingewiesen, dafs die Constitutiones sich an das römische Recht anlehnen, und dafs überall der Wunsch durchblickt, den Bergbau zu reformieren.

Dieser Wunsch, zu reformieren, bezieht sich ganz besonders auf die Lehnschaft, die „Concessiones".

Die Verleihungen „haben uns neben unsern übrigen Regierungssorgen manche Nacht geraubt und tagelang beschäftigt", so beginnt das dritte Buch der Constitutiones. „Es ist uns oft begegnet, dies ac noctes cum omni lucubracione degere." Nun wird erörtert, auf welche Weise eine Besserung der Verhältnisse erreicht werden könne, und es finden sich neben Rechtsbestimmungen allerlei Ratschläge und Mafsregeln.

Es finden sich Rechtssätze, die wörtlich den Iglauer Bestimmungen entsprechen. Es finden sich aber auch andererseits erhebliche Abweichungen.

Die Tendenz, die zu diesen Änderungen geführt hat, kann kurz folgendermafsen bezeichnet werden:

Der Gesetzgeber der Constitutiones wollte die Lehnhäuer von den Gewerken möglichst unabhängig machen, um selbst auf die Verbreitung der Lehnschaft, die ihm sehr am Herzen lag, Einflufs zu gewinnen[1].

So unterscheiden sich denn die Bestimmungen der Constitutiones Wenceslai von denen der anderen Quellen hauptsächlich darin, dafs das Recht der Gewerken eingeschränkt erscheint, und dafs der Regalherr bezw. seine Beamten gröfseren Einflufs auf die Verleihungen erlangen.

In wieweit jedoch die Bestimmungen der Constitutiones praktisches Recht geworden sind, und inwieweit sie blofse Wünsche blieben, darüber orientieren uns die Urteile des Oberhofs Iglau[2].

Aber auch diejenigen Stellen der Constitutiones, die nichts anderes waren und blieben als blofse Wünsche und Vorschläge, auch sie haben ihre Bedeutung, denn sie geben ein treffliches Bild davon, welche einander widerstreitenden Interessen und Kräfte damals bei der Bildung des Bergrechts wirksam waren.

---

[1] Wie deutlich diese Tendenz hervortritt und wie grofs ihr Einflufs auf die Gesetzgebung war, wird sich im folgenden, wo von der Rechtsordnung der Lehnschaft die Rede sein wird, des öfteren zeigen.

[2] Dafs sich die Sätze der Constitutiones nicht einzubürgern vermochten, mag seinen Hauptgrund darin haben, dafs sich die Bestimmungen völlig ans römische Recht anschliefsen, ohne auf die geltenden Rechtssätze, ja sogar ohne auf die Technik des Betriebes gebührende Rücksicht zu nehmen. Vergl. zu dieser Bemerkung Sternberg, S. 108, 109, 115, 121.

§ 5. Die Entstehung und wirtschaftliche Bedeutung der Lehnschaft.

Die Entstehung der Lehnschaft ist im Zusammenhange mit dem Aufkommen des Stollenbaues zu verstehen.

Die Befugnis, Gebietsteile an Lehnhäuer weiter zu verleihen, war ein Vorrecht, welches den Gewerken bestimmter Stollen, sogenannten Erbstollen, verliehen wurde.

Ob ein Stollen „Erbrecht" erhalten solle oder nicht, das hing von dem Nutzen ab, den der Stollen dem gesamten Bergbau brachte. Ein tiefhinabreichender Stollen, der dem Bergwerke Wetter- und Wasserlosung brachte, erhielt grundsätzlich das Erbrecht[1].

In Freiberg wurde das von Fall zu Fall entschieden, nachdem der Bergmeister unter Hinzuziehung von zwei Freiberger Bürgern den Stollenbau besichtigt hatte. In Böhmen dagegen hielt man es für praktisch, das Erbrecht stets dann zu verleihen, wenn der Stollen so tief hinabreichte, daſs das vorderste Lichtloch 10 Lachter tief unter der Erde lag[2].

Wie ist es nun zu erklären, daſs gerade die Gewerken der groſsen Stollenanlagen das Recht erhielten, sich der Lehnschaft zu bedienen?

Die Erklärung liegt darin:

Den Gewerken der Erbstollen wurde mit Rücksicht auf den groſsen Stollenbau ein gröſseres Gebiet zugewiesen, als den Gewerken anderer Stollen. Denn der kostspielige Bau eines tief hinabreichenden Stollen konnte sich nur dann rentieren, wenn ein entsprechend umfangreiches Bergwerksgebiet dazu gehörte.

Damit aber entstand zugleich eine erhebliche Schwierigkeit. Denn wie sollte die Gewerkschaft das ihr verliehene Gebiet in seinem ganzen Umfange abbauen? Die Zahl der am Gewinn beteiligten Gewerken wollte man begreiflicherweise nicht vermehren. Anderseits war die Entwicklung noch nicht dahin fortgeschritten, daſs man das ganze Gebiet unter einheitlicher Leitung mit Hilfe von Lohnarbeitern abbaute.

Es mangelte noch an Leuten, die sowohl die Fähigkeiten, als auch das Kapital besaſsen, um Lohnarbeit in gröſserem Umfange organisieren zu können.

Nur Goslar machte vielleicht eine Ausnahme, dort waren es die Familien von der Gowische, von Goslar, von Wildenstein, die Copmanns und andere, die mit dem Bergbau seit langem verwachsen waren[3]. Sie hatten Erfahrungen, und sie hatten auch Kapital.

---

[1] Freiberger Bergordnung A, § 19.
[2] Iglauer Bergordnung, § 4, im Anschlusse hieran erfolgte auch die Rechtsprechung in Böhmen, wie aus einem Urteile des Oberhofs von Iglau hervorgeht. Tomaschek, Bergrecht von Iglau, S. 27.
[3] Vergl. die Urkundenbücher von Goslar, insbesondere Bd. 1.

Im Harz hat daher die Lohnarbeit frühzeitig Eingang gefunden[1].

In Sachsen und Böhmen hingegen bestand jenes Dilemma. Auf der einen Seite waren zahlreiche Arbeitskräfte von Nöten, auf der andern Seite fehlte es an Männern, die den Willen und das Kapital besaſsen, einen umfangreichen Bergbetrieb mit zahlreichen Arbeitern zu leiten.

In dieser Situation bot die Lehnschaft ein erwünschtes Auskunftsmittel, denn durch die Anwendung der Lehnschaft war den Gewerken von Erbstollen die Möglichkeit gegeben, ihr groſses Berggebiet mit zureichenden Kräften abbauen zu lassen. Wenn nämlich das Bergwerk so groſs wird, daſs die Hauptgewerken sich wegen zu groſser Auslagen nicht getrauen, es ganz abzubauen und es zu belegen, wie es die Vorschrift erheischt, so pflegen sie das Beste zu ihrem eigenen Abbau vorzubehalten, und das übrige gegen einen Teil des Gewinnes an andere zu verleihen[2].

§ 6. Die Rechtsordnung der Lehnschaft.

a) Die Begründung der Lehnschaft.

Grundsätzlich hatten nur die Mitglieder einer Gewerkschaft das Recht, Teile ihres Gebietes an Lehnhäuer weiterzugeben. Die Beamten des Fürsten, der Bergmeister, die Steiger, durften sich in diese Verleihungen nicht mischen. „Wy verre sy (die Gewerken) komen mit yrem vordirsten lichtloche, vor deme und vor yrme stollenhaupte mag sy nymand getwingen wedir czu buwen noch czu lyene widir iren willen[3]."

Eine Ausnahme von dieser Bestimmung enthält die Freiberger Bergordnung A. Wenn nämlich die Gewerken den Teil ihres Gebietes, der „hinter dem vordersten Lichtloche" lag, brach liegen lieſsen, dann durfte der Bergmeister den Versuch machen, diesen Teil weiter zu verleihen, um möglicherweise noch einigen Ertrag daraus zu gewinnen. Das Gebiet „hinter dem vordersten Lichtloche" war der Teil des Berges, den die Gewerken bereits mit ihren Stollen durchzogen, den sie also bereits auf seinen Metallreichtum hin geprüft hatten. Eine erhebliche Beschränkung des Gewerkenrechts enthält diese Bestimmung nicht, denn es blieb ja den Gewerken vorbehalten, das brachliegende Gebiet selbst zu bebauen, oder es selbst zu verleihen. Der Bergmeister griff

---

[1] Neuburg, Goslars Bergbau, S. 222.
[2] Const. Wenceslai III. 1. ... quod difficile sit eis totum excolere, suis sumptibus et expensis eligentes ex eo melius, ac quantum sibi ipsis voluerint ad colendum, residuum vero pro quota parte lucri, prout inter eos convenerit, concedatur.
[3] Freiberger Bergordnung A, § 20.

nur dann ein, wenn die Gewerken auf die Bebauung oder Verleihung des Gebietes keinen Wert legten.

Dies ist der einzige Fall, wo neben die Begründung einer Lehnschaft durch die Gewerken eine Verleihung von Gewerkschaftsgebiet durch den Bergmeister tritt. Grundsätzlich hatten nur die Gewerken und zwar nur die Gewerken von Erbstollen das Recht, Lehnschaften zu vergeben. Das ist die Stellung des Freiberger, des Harzer und des Iglauer Rechts.

Eine ganz andere Stellung nehmen die Constitutiones Wenceslai zur Lehnschaft ein.

Zwar auch hier findet sich der Grundsatz, dafs für die Lehnschaften in erster Linie der Wille der Gewerken mafsgebend sein soll. An der Spitze der Vorschriften, die dem Bergmeister erteilt werden, steht eine Bestimmung, die dem Bergmeister verbietet, ohne besondere Erlaubnis der Gewerken Orte zu verleihen. „Prohibemus, ne ipsi magistri moncium in argentifodinis sibi commissis deinceps alicubi concedant aliquas concessiones, vel fines, qui vulgariter dicuntur orter, sine colonorum licencia speciali, nec ultra per eosdem sibi terminum deputatum excedant aliquo modo. Quidquid autem contra dictam formam concesserint, ipso jure nullius penitus firmitatis existat, quia fines mandati diligenter sunt servandi[1]." Ein ausführliches Kapitel handelt davon, auf welche Weise die Gewerken ihr Recht verteidigen können, wenn der Bergmeister gegen ihren Willen Gebiete weiter verleiht.

Jedoch diese Regel, die den Gewerken die Entscheidung über die Lehnschaften vorbehält, erleidet gewisse Ausnahmen, und wer genauer zusieht, wird bemerken, dafs diese Ausnahmen eine ganz erhebliche Rolle spielten.

Die Tendenz des Gesetzes war ganz energisch darauf gerichtet, dafs ein möglichst grofser Rohertrag im Bergbau erzielt werde, und daher lag es dem Gesetzgeber daran, nach Möglichkeit eine Vermehrung der Lehnhäuer zu erreichen[2]. „Nam quod a pluribus queritur, facilius invenitur." Dieser Satz erscheint in den Constitutiones in allen möglichen Variationen.

Das Interesse des Regalherrn lief nicht mehr den Interessen der Gewerken parallel wie in den früheren Zeiten, da noch das Mitbaurecht ausgeübt wurde. Damals, wo der Regalherr noch wie jeder Gewerke Zubufse zu leisten hatte, damals war er ebenso wie die Gewerken selbst an einem möglichst grofsen Reinertrage interessiert.

Jetzt aber, wo das Mitbaurecht verschwunden war, und wo statt dessen der Zehnte vom Rohertrag an die königliche Kasse abgeführt wurde, jetzt lag es im Interesse des Königs,

---

[1] Const. Wenceslai I de magistris moncium.
[2] Von jeder Lehnschaft erhielt der König ein Sechzehntel.

dafs ein möglichst hoher Rohertrag erzielt werde, dafs möglichst viele Hände beschäftigt würden, um den Berg abzubauen. Die Gewerken allein genügten nicht, möglichst zahlreiche Lehnhäuer sollten beschäftigt werden. Daher das hohe Interesse, welches der Verfasser der Constitutiones an der Lehnschaft nimmt.

Verschiedene Mittel, um eine Vermehrung der Lehnschaften zu erreichen, kennen die Constitutiones.

Erstens vermehrte man die Möglichkeit, Lehnschaften zu begründen. Schon in dieser Beziehung standen die Constitutiones im Gegensatze zu dem übrigen Recht. Denn sowohl das Goslarer Recht, wie die Rechte von Freiberg und Iglau standen dem Eindringen der Lehnhäuer offenbar sehr vorsichtig gegenüber. Das Goslarer Bergrecht schob sogar der Verbreitung der Lehnschaft energisch einen Riegel vor[1]. Es mufste zweifelhaft erscheinen, ob „die armen Lehnhäuer", wie sie in den Prozefsurkunden häufig genannt werden[2], die nicht soviel Geld besafsen, um sich ihr Handwerkszeug selbst beschaffen zu können[3], dem Bergwerke Segen bringen würden. Man hat daher, wie wir sahen, die Lehnschaften auf die Erbstollen, wo sie unbedingt notwendig waren, beschränkt.

Die Constitutiones Wenceslai waren von einer solchen Beschränkung der Lehnschaft weit entfernt. Jede Gewerkschaft, gleichviel ob sie einen Erbstollen bebaute oder nicht, durfte Lehnhäuer beschäftigen. Ja, sogar die Lehnhäuer selbst durften Teile ihres Gebietes an andere Lehnhäuer weiterverleihen.

So war der Boden für eine grofse Verbreitung der Lehnschaft bereitet, und die Constitutiones treffen weitere Mafsregeln, um eine solche Verbreitung nach Möglichkeit zu befördern. Sehr wichtig war hierfür folgende Bestimmung des Gesetzes[4]:

Nach den älteren Bergrechten habe es genügt, um seine Bergrechte zu behaupten, wenn die Gewerken einer vermessenen Zeche auf den 7 Lanen 3 Schächte besafsen und ausbeuteten. Die einzelnen Lanen, welche Anderen gegen die Abgabe eines gewissen Nutzungsanteils überlassen werden konnten, bedurften zusammen nur eines Schachts, und 3 Ortstriebe (acies); zur allgemeinen Verleihung gehörte nur ein Ortstrieb. Dies jedoch genüge der modernen Anschauung nicht mehr. Es soll daher eine jede Lane mit einem besonderen Schacht gehalten und

---

[1] Vergl. Neuburg, S. 221, der besonders auf die Art. 25, 66, 138, 141, 183 des Bergrechts hinweist. — Vergl. Schaumann, Das Goslarer Bergrecht.
[2] Vergl. z. B. die bei Tomaschek, Das alte Bergrecht von Iglau, auf S. 75 ff. abgedruckten Prozefsakten des Oberhofs von Iglau.
[3] Vergl. Freiberger Urkundenbuch, Bd. 2, S. 238.
[4] Const. Wenceslai III. 1 de Concessionibus.

so viele Ortstriebe geführt werden, als ohne Hindernis der Gewerken im Baue angelegt werden können, und dieses solle auch von den Ortstrieben in den übrigen Verleihungen gelten. Nam quod a pluribus queritur, facilius invenitur; hoc ipsumque rei experiencia manifestat, nam multa millia marcarum in terra usque in diem novissimum inutiliter quievissent, et adhunc quiescerent, si in omni argentifodio non concederentur concessiones lanei, et acies indistincte tracta de preterito, et conjectura.

Unde opinionem modernorum in his magis racionabilem approbantes statuimus laneos, et concessiones concedere, et acies, non obstante colonorum contradictione qualibet informari. Laneonary enim sectores multa inutilia montana assiduo suo labore ac modicis expensis faciunt fructuosa.

In dieser Bestimmung ist besonders auffallend, dafs ohne Rücksicht auf den Widerspruch der Gewerken ein komplizierter Bergwerksbetrieb angelegt werden soll. Gleichzeitig wird offen ausgesprochen, dafs dies nur unter Heranziehung von Lehnhäuern durchführbar sei. So wird indirekt die Gewerkschaft gezwungen, zahlreiche Lehnhäuer zu beschäftigen.

Ferner aber ermöglichen die Constitutiones dem Bergmeister auch eine direkte Einwirkung auf die Vergebung von Lehnschaften. Sobald nämlich eine Gewerkenversammlung sich nicht einig darüber wird, ob Lehnschaften zu vergeben sind, oder zu welchen Bedingungen solche verliehen werden sollen, in diesem Falle hat der Bergmeister die Befugnis, die Verleihung selbst vorzunehmen. Der Bergmeister wird zwar angewiesen, derartige Verleihungen nur für kurze Fristen zu bemessen, immerhin aber bedeutet diese Bestimmung doch einen Eingriff in die Selbständigkeit der Gewerken, wie ihn andere Quellen nicht enthalten[1]. Im Gegenteil ist z. B. in der alten Schemnitzer Bergordnung ausdrücklich bestimmt, dafs stets die Majorität den Ausschlag gebe[2], und auf demselben Standpunkte stehen auch die Freiberger Ordnungen. Ja, in der Rechtsprechung des Freiberger Rats wird sogar ausdrücklich betont, dafs selbst diejenige Verleihung, welche gemeinsam durch die Gewerken und den Oberbergmeister vorgenommen werde, null und nichtig sei, sofern dem kein Majoritätsbeschlufs der Gewerken zu Grunde liege[3].

---

[1] Dazu kommt, dafs die Constitutiones Wenceslai im Gegensatz zu den übrigen Bergrechten der damaligen Zeit dem Bergmeister die Gerichtsbarkeit über alle Lehnschaften einräumen. Derselbe Beamte also, der bei der Vergebung von Lehnschaften unter Umständen als Partei auftreten kann, nimmt die Stellung eines Richters ein, wenn Streitigkeiten über Lehnschaften ausbrechen.
[2] Wagner, Corpus juris metallici, S. 67.
[3] Freiberger Urkundenbuch, Bd. 2, S. 371. Etliche gewercken haben eyne lehnschafft ane willen unde wissen der andern mitgewerken

Diese Anführung der Hauptbestimmungen über das Recht, Lehnschaften zu begründen, zeigt deutlicher als alles andere, daſs der Schöpfer der Constitutiones die Lehnschaften mit ganz anderen Augen betrachtete, als es sonstwo im Bergbau Gebrauch war.

Diese Abweichung der Constitutiones von dem übrigen Bergrecht tritt, wie wir im folgenden sehen werden, vielfach auch in den Bestimmungen hervor, die sich auf das Verhältnis der Lehnhäuer zu den Gewerken beziehen.

b) Die Form des Vertragschlusses.

In den Constitutiones Wenceslai wird den Gewerken und Lehnhäuern der Rat erteilt, die Lehnschaft stets vor Zeugen abzuschlieſsen[1].

Das alte Freiberger Recht kannte solche Formbestimmung nicht, dagegen enthielt das Iglauer Recht den Satz: „Ist abir, das man wil vorlyhen off eynem berge adir off eynem stollen, so sal der bergmeister den gewercken an eyme sontage adir an eym andirn tage, welchir yu gefellet, uff das gebirge czusammene gebiten, unde was do vorlign wirt unde beschreben, das hat craft[2]." In Übereinstimmung hiermit das Freiberger Bergrecht B[3].

Im Laufe der Zeit scheint jedoch diese Vorschrift vernachlässigt worden zu sein. In Prozeſsakten aus dem 15. Jahrhundert ist eine Schilderung von dem Abschlusse einer Lehnschaft enthalten, aus der ich einiges anführen möchte, da sie ein anschauliches Bild davon giebt, wie damals Lehnschaften vergeben wurden.

Die Gewerken vom Schonberg haben ein Stück ihres Gebietes an Lehnhäuer vergeben. Über den Abschluſs dieses Vertrages wird Folgendes mitgeteilt[4]:

Der Obmann der Lehnhäuer, Hans Grundel, begab sich zum Rechenmeister der Gewerken, Lorenz Seiler, und fragte

---

verlihen. Spr. w. n. b. v. r. Haben dieselben uwre mitgewerken sulche lehnschafft ane uwern willen und wissen verlihen und ettliche gerechtikeit uwrer zeeche obirgeben und seyt dorczu durch den obirsten bergmeister addir leiher uff eynen namhafftigen tag nicht verbottet und habt ydoch dry schicht an sulchen lehn adder funff achteil, so had sulche lehnschafft und obirgeben nicht macht, unnd sy mogen sich des, das es mit geheyſse des obirsten bergmeisters gescheen sey, nicht behelffen noch das crefftig gemachen.

[1] Unde valde cautum erit, hae omnia sub bono testimonio declarare. C. W. Lib. 3, Cap. I.
[2] Iglauer Bergordnung, § 15.
[3] Freiberger Bergordnung B, § 30.
[4] Freiberger Urkundenbuch, Bd. II, S. 237 ff. Den Prozeſs, der für das Lehnschaftsverhältnis auſserordentlich interessant ist, ausführlicher wiederzugeben, verbietet sich leider wegen des Umfanges der Prozeſsverhandlungen.

ihn: „Lieber Freund, wir haben vernommen, Ihr wollt eine Lehnschaft verleihen. Verhält sich das so? und wollt Ihr sie uns leihen, so sagt es uns." Lorenz Seiler antwortet: er sei damit einverstanden, jedoch würden alle Verhandlungen nichts nützen, wenn die Lehnhäuer sich das Bergwerk nicht zuvor auf seine Ertragfähigkeit hin betrachteten. Die Lehnhäuer besichtigen deshalb im Beisein des Steigers das Bergwerk. Sie lassen sich zeigen, wie beschaffen die Lehnschaft sein solle, an welcher Stelle ihr Bau anheben und wo er enden solle. Nachdem sich darauf die Lehnhäuer zur Übernahme des Gebietes bereit erklärt haben, sagt Lorenz Seiler, der Vertreter der Gewerken: „Wir wollen Euch die Lehnschaft lassen, und zwar erklären wir uns bereit, Euch zum Bergbau die Haspel, ferner Kübel und Seile zu liefern, und wenn Euch Gott Erz beschert, dann sollt Ihr uns die siebente Mark davon geben!" Nach dieser Äufserung, mit der sich die Lehnhäuer einverstanden erklären, lassen die Vertreter der Gewerken sowohl, wie die Vertreter der Lehnhäuer je für einen Groschen Bier holen, um „czum gedechtnisse linckauf zu trinken".

Von irgend welcher Bestätigung durch den Bergmeister war also in der Praxis des 15. Jahrhunderts nicht die Rede. „Es sei seit Menschengedenken nicht vorgekommen, dafs der Bergmeister sich mit der Bestätigung der Lehnschaften befafst habe[1]." Wenn das Gericht sich wirklich, so heifst es in einer der Prozefsschriften, auf den Standpunkt stelle, dafs die Bestätigung durch den Bergmeister erforderlich sei, dann müfsten alle Lehnschaften, die um Freiberg, um den Schneeberg u. s. w. verliehen worden seien, für nichtig gehalten werden.

Jedoch das Gericht stellte sich damals (am Ende des 15. Jahrhunderts, als man wieder mit einer sorgfältigeren Regelung der rechtlichen Verhältnisse im Bergbau begann) allerdings auf den Standpunkt, dafs die Formvorschriften in § 30 des Freiberger Rechts und in § 15 der Bergordnung von Iglau nach wie vor Gültigkeit hätten. Wenn es auch thatsächlich vorgekommen sei, so heifst es im Urteil, dafs Lehnschaften ohne des Bergmeisters Willen und Bestätigung aufgenommen und gebaut seien, so werde damit doch das Recht nicht verändert, noch verwandelt. Denn die Vorschrift sei noch ebenso zweckmäfsig wie in früherer Zeit. Sie solle verhindern, dafs allzu arme Leute, und solche, die vom Bergbau nichts verstünden, Lehnschaften erhielten.

In der That scheint nun die Vorschrift wieder an Bedeutung gewonnen zu haben, denn sie ging mit nur wenigen Abänderungen in die Gedingbestimmungen des Gesetzes von 1492 über.

---

[1] Freib. Urk. B. II. S. 240.

c) Die Rechte und die Pflichten der Parteien.

Mit jener Politik, welche die Constitutiones Wenceslai bei der Begründung von Lehnschaften verfolgte, stehen die Rechtssätze im Einklang, die sich auf das innere Verhältnis zwischen Gewerken und Lehnhäuern, auf die Rechte und Pflichten der Vertragsparteien beziehen.

Wir sahen, dafs es das Princip der Constitutiones war, auf die Begründung zahlreicher Lehnschaften hinzuwirken. Der entsprechende Grundsatz, der für die Regelung des Vertragsverhältnisses mafsgebend wurde, lautet: Unabhängigkeit der Lehnhäuer von den Gewerken! Freie Entfaltung des Wettbewerbes zwischen Gewerken und Lehnhäuern, „damit die Gewerken angetrieben werden, schneller vorzuschreiten"[1].

Auch hiermit befinden sich die Constitutiones im Gegensatz zu den übrigen Rechtsquellen, im Gegensatz zum Harzer, Iglauer, Freiberger, Schemnitzer Recht.

In all' diesen Rechtsquellen nämlich sind Bestimmungen derart getroffen, dafs die Lehnhäuer principiell von den Gewerken abhängig bleiben, und dafs sie eine freiere Stellung nur dann einnehmen, wenn dies ausdrücklich vereinbart worden ist.

Jedoch dieser Gegensatz zwischen den Constitutiones und den übrigen Gesetzen dürfte wohl in der Praxis nicht allzu scharf zur Geltung gekommen sein, da fast alle Sätze, welche sich auf die Rechte und Pflichten der Parteien bezogen, dispositive Bestimmungen sind.

Die Hauptbestimmungen waren folgende: Sobald eine Gewerkschaft Gebietsteile an Lehnhäuer vergeben hatte, erwuchs den Gewerken die Pflicht, ihre Lehnhäuer in den Stand zu setzen, den Betrieb aufzunehmen. Zu diesem Zwecke hatten die Gewerken „Seile und Leder" zu liefern (Leder oder Bulgen waren lederne Eimer, die zum Wasserschöpfen dienten), mit Hilfe dieser Einrichtung sollten die Lehnhäuer zunächst in den Stand gesetzt werden, ihre Ortstriebe von Wasser zu befreien.

Der Oberhof von Iglau geht hierüber sogar noch hinaus, indem er bestimmt, dafs die Gewerken im Zweifel verpflichtet seien, nicht nur Seile und Leder, sondern auch Zimmergeräte und Zimmerleute zu stellen „und dafs sie in (den Lehnhäuern) ire genge und ire erze mit iren pferden und mit iren leuten bestellen pis an den tag"[2].

Der Grund dieser weitgehenden Belastung der Gewerken war offenbar folgender:

Erstens waren die Lehnschaften nicht immer von so langer Dauer, dafs es sich für den Lehnhäuer verlohnt hätte,

---

[1] Constitutiones Wenceslai, Buch 3, Kapitel 2.
[2] Tomaschek, S. 31, Urteil des Oberhofs Iglau.

große Betriebsausgaben zu machen (wir wissen aus Prozeßakten[1], daß die Lehnschaften selten die Dauer eines Jahres erreichten).

Zweitens aber waren die armen Lehnhäuer, „die nicht soviel besitzen, um zu wissen, wo sie in der nächsten Nacht ihr Haupt hinlegen sollen"[2], wohl nicht immer in der Lage, Gelder zum Bergwerksbetriebe zu beschaffen[3].

Es liegt in der Natur der Sache, daß den weitgehenden Verpflichtungen der Gewerken auch weitgehende Rechte entsprechen. Und in der Tat stehen auch die meisten Bergordnungen der damaligen Zeit auf dem Standpunkte, daß die Lehnhäuer von den Gewerken durchaus abhängig sein müßten.

Diese Abhängigkeit kam besonders bei den sogenannten „Durchschlägen" zur Geltung. Es kam nämlich in den Bergwerksbetrieben häufig vor, daß die in verschiedenen Zechen beschäftigten Bergleute unter Tage nach Beseitigung des trennenden Gesteins zusammentrafen, „gegen einander durchschlugen". In solchen Fällen entstanden leicht Differenzen, da keine Partei der andern weichen wollte[4].

Im Verhältnis der Gewerken zu den Lehnhäuern war nun diese Gefahr des Durchschlages besonders groß, da die Lehnhäuer nah am Stollen der Hauptgewerken arbeiteten[5].

Für diesen Fall des Durchschlages bestimmte schon das alte Freiberger Recht A, daß die Gewerken den Lehnhäuern unbedingt vorgehen sollen. Die Arbeit der Gewerken dürfe durch die Lehnhäuer nie behindert werden. Selbst in solchen Fällen, wo die Gewerken beim Vorrücken ihres Stollenbaues auf ein Gebiet stießen, welches von den Lehnhäuern bereits occupiert war, mußten die Lehnhäuer zurücktreten. Ja, die Gewerken durften sogar „Brände setzen" d. h. das Gestein durch Feuer mürbe machen, selbst wenn der Betrieb der Lehnhäuer hierdurch gefährdet wurde[6].

Ebenso steht das Freiberger Recht B. auf dem Standpunkte, daß die Gewerken grundsätzlich den Vorrang vor den Lehnhäuern haben. Wollten sich die Lehnhäuer hiergegen

---

[1] „Es ist auch nicht gewonlich nach lewfftig, das man jarsfrist gibt", Freiberger Urkundenbuch, Bd. 2, S. 244.
[2] „Nihil certi habentes, ubi nocte prima caput suum reclinent", Constitutiones, Buch 3, Kap. I.
[3] Es wird in den Constitutiones ausdrücklich hervorgehoben, daß die Leistungen der Lehnhäuer nicht ihren Ausgaben für das Bergwerk zu verdanken seien, sondern nur dem Fleiße und angestrengter Arbeit. Constitutiones III, Kap. I.
[4] Über zahlreiche Prozesse dieser Art vergl. die Urteile des Oberhofs Iglau bei Tomaschek, S. 23, 57, 60, 66, 67, 69, 86, 92, 104.
[5] Die von dem Lehnhäuer bebauten „Örter" bildeten mit den Schächten und mit den Hauptstollen der Gewerken ein zusammenhängendes System, so daß Durchschläge und gegenseitige Behinderung im Betriebe nicht immer zu vermeiden war.
[6] Freiberger Bergrecht A, § 21.

für bestimmte Fälle sichern, so mußste das ausdrücklich in Gegenwart des Bergmeisters vereinbart worden sein[1].

Auch die Constitutiones Wenceslai nehmen in ausführlichster Weise zu der Frage Stellung, inwiefern die Gewerken vor den Lehnhäuern bevorrechtigt seien.

Sowohl der Fall, in welchem die Gewerken den unbestrittenen Vorrang haben, wie auch der Fall, in welchem sich die Lehnhäuer durch besondere Vereinbarung sicherten, werden erörtert. Und zwar werden diese beiden Fälle einander in systematischer Weise als juristische Kategorien gegenübergestellt.

Die Constitutiones unterscheiden nämlich unbedingte Lehnschaften (Concessio pura) und bedingte Lehnschaften. Concessio pura liegt vor, wenn die Lehnhäuer ohne Rücksicht auf die Gewerken arbeiten dürfen, hier haben die Lehnhäuer das Recht, mit ihrem Ortstriebe in den Hauptgang der Gewerken einzudringen, diesen anzuhauen und was sie erobern, zu ihrem Nutzen zu verwenden.

Dagegen wird „bedingte Lehnschaft" jener Fall genannt, wo die Lehnhäuer, sobald sie auf den Hauptgang der Gewerken stoßsen, sogleich zurücktreten müssen, um die Gewerken in ihrem Betriebe nicht zu behindern[2].

Wer genau zusieht, wird bemerken, dafs diese Gegenüberstellung der beiden Kategorien mehr ist als eine blofse Systematisierung, die dem gelehrten Verfasser der Constitutiones etwa aus rein theoretischen Erwägungen gefallen haben möchte.

Diese Gegenüberstellung der bedingten und unbedingten Lehnschaft enthält vielmehr eine Verdrehung des herkömmlichen Rechts, die höchstwahrscheinlich beabsichtigt war.

Die Concessio pura, die reine, unbedingte Lehnschaft, also der Regelfall der Constitutiones, ist nämlich nichts anderes, als der Ausnahmefall des herkömmlichen Rechts.

Der Regelfall des herkömmlichen Rechts dagegen, der den Gewerken den Vorrang vor den Lehnhäuern wahrte, erscheint in den Constitutiones als Ausnahme.

Der Gesetzgeber ist sich, wie aus der Motivierung hervorgeht, der Tragweite dieser Änderung voll bewuſst, denn er sagt ausdrücklich: Die unbedingte Verleihung, also die Unabhängigkeit der Lehnhäuer von den Gewerken, sei besonders deshalb wichtig, weil hierdurch die Gewerken angetrieben

---

[1] Freiberger Bergrecht B, § 28.
[2] Const. Wenc. III. 1. Iste vero concessiones quandoque fiunt pure, quandoque condicionales, quandoque eciam ad certum diem, fiunt eciam quandoque particulariter. Pure autem hoc modo fiunt concessiones, cum perpetuo conferuntur, vel quamdiu coloni ipsi uti frui poterint, et si venerint cum sua concessione, vel acie ad meatum ordinarium, quidquid ibi exsecuerint de metallo, id ipsorum est . . .

werden, eifriger zu arbeiten, „denn es würde schlecht um unseren Staat stehen, wenn jeder nach seinem eigenen Willen in unserm Silberbergwerke arbeiten könnte"[1].

Jedoch ist es sehr unwahrscheinlich, dafs diese Bestimmungen der Constitutiones in der Praxis Bedeutung gewonnen haben. Denn erstens hatten die Gewerken beim Abschlusse des Lehnschaftsvertrages ein gewichtiges Wort zu reden, und sie konnten die Lehnhäuer um so eher in Abhängigkeit halten, als die wirtschaftliche Lage der Lehnhäuer durchaus nicht günstig gewesen zu sein scheint.

Ferner aber ist kein einziger Schöffenspruch erhalten, der gemäfs Buch 3, Kap. 2 der Constitutiones den Lehnhäuern das Recht einräumte, sofern nichts anderes vereinbart worden sei, „den Gang der Gewerken anzuhauen und was sie erobern, zu ihrem Nutzen zu verwenden".

Als Entgelt für das Recht, eine Lehnschaft im eigenen Interesse abbauen zu dürfen, hatten die Lehnhäuer einen Bruchteil der Erze, die sogenannte „Eygenschaft" an die Gewerken abzuführen.

Über die Höhe dieses Betrages bemerkt die Brückmann'sche Glosse, dafs die Eygenschaft „die helffte oder vierde mark" betragen habe[2].

In einem vom Oberhof Iglau entschiedenen Prozesse wird als Höhe der Eygenschaft der siebente Teil genannt[3]. Ebenso in einem Prozesse, der vor dem Freiberger Berggericht spielte[4].

In den Gesetzen von Iglau und Freiberg selbst wird bemerkt, die Eygenschaft könne „grofs oder klein sein"[5].

Die Höhe des Betrages hing mithin völlig vom Willen der Parteien ab und richtete sich wahrscheinlich nach den technischen Verhältnissen und nach den Bedingungen des Vertrages.

Über die Zahlung der Eigenschaft bemerken die Bergrechte übereinstimmend, dafs die Lehnhäuer ihre Lehnschaft verlieren, sobald sie die Abgaben nicht pünktlich zahlen.

Voraussetzung der Bezahlung ist, dafs zuvor festgestellt werde, wie grofs der Betrag der gesamten geförderten Erze war. Bei dieser Feststellung hatten die Gewerken oder ihr Vertreter, „der Rechenmeister der Gewerken", mitzuwirken.

---

[1] Constitutiones, Buch 2. Kap. 3.
[2] Glosse zu Bergrecht B, § 32.
[3] Tomaschek, Oberhof Iglau, S. 31.
[4] Freiberger Urkundenbuch, Bd. 2, S. 238. Wir wollen uch dy lenschaft lassen und kein vordernis thun, danne haspel, kubel unnd seil noch unnser zceit vorgonnen, unnd so uch gott ertz beschertt, so soltt ir unns allewege dy IIIX marck dovon gebin.
[5] Iglauer Recht, § 24, Freiberger Recht B, § 32.

Der Lehnhäuer hatte jedoch das Recht, falls die Gewerken nicht zur Stelle waren, die Feststellung selbst unter Zuziehung eines Zeugen vorzunehmen und die schuldige Abgabe bei einem Gewerken zu hinterlegen[1].

Hiermit hatten die Lehnhäuer ihre Verpflichtungen erfüllt.

d) Die Beendigung der Lehnschaft.

Die Lehnschaften wurden entweder auf eine bestimmte Zeit erteilt „bis zu einem bestimmten Tage, bis Weihnachten, Ostern u. s. w."[2], oder zweitens: bis zur völligen Ausnutzung eines bestimmten Gebietes, oder drittens: „bis zum Durchschlage", wobei bestimmt wurde, dafs die Lehnschaft beendigt sein solle, sobald die Lehnhäuer auf den Stollengang der Hauptgewerken stofsen[3].

In Goslar galt die Bestimmung, dafs der Vertrag im Zweifel ein halbes Jahr dauern solle[4].

Wurde die Lehnschaft vor Ablauf der festgesetzten Zeit aufgelöst, so mufste die schuldige Partei Schadenersatz leisten[5].

Das alte Schemnitzer Bergrecht enthielt die Bestimmung, dafs die Gewerken die verliehenen Lehnschaften wieder an sich ziehen dürfen, sofern sie sich verpflichten, den Lehnhäuern für die Kontraktszeit die Hälfte des Ertrages zu zahlen. Also eine Art Reugeld[6].

§ 7. Afterlehnschaften und ähnliche Verhältnisse.

Im Vorhergehenden war stets davon die Rede, dafs die Lehnhäuer nur einen einzigen Oberherrn haben, nämlich die Gewerkschaft, von der sie ihre Rechte ableiten.

---

[1] Iglauer Recht, § 24, Freiberger Recht B, § 32.
[2] Constitutiones, Buch 3, Kap. 3.
[3] In einem Freiberger Prozesse wird bemerkt, dafs die Verleihung bis zum Durchschlage ganz ungebräuchlich sei, da sich hierbei die Dauer des Abbaues garnicht bemessen lasse. Freiberger Urkundenbuch, Bd. 2, S. 240. Ob diese Äusserung den wirklichen Verhältnissen entsprach, oder ob sie nur mit Rücksicht auf den Ausgang des Prozesses im Parteiinteresse geäufsert worden ist, erscheint zweifelhaft.
[4] Goslarer Bergrecht, Art. 138.
[5] Const. Wenc. III. 3 de concessionibus ad certum tempus. Sed ad certum diem fiunt concessiones, cum conceduntur, ad festum Nativitatis Domini, aut Pasce, aut Carnisbrivy, et sic de alys: statimque die adveniente concessiones exspirant; si autem infra diem laneonary aliquod impedimentum sustinuerit per negligenciam principalium colonorum, quia non tenuerunt aquam laneonarios submergentem, aut fecerunt aliquod opus in argentifodio, quare ipsos a suis laboribus cessare oportuit, usque ad ejusdem consumacionem, id ipsum vero tempus sic neglectum post diem transactum est eis integraliter supplendum, ita ut utrobique plena justicia tribuatur.
[6] Schemnitzer Bergrecht. Wagner, Corpus juris met., S. 167. Mehr ist zu wissen, wenn man Lehnschafft verleiht auf einen gewissen

In Wirklichkeit ist jedoch das Verhältnis zuweilen complizierter. Es kommt nämlich eine Art von Afterlehnschaft vor, wobei die Lehnhäuer mehrere Oberherren haben, die einander subordiniert sind. Es kommt ferner vor, daſs mehrere Oberherren einander koordiniert sind. Und schlieſslich geschieht es auch, daſs die Gewerkschaft, von welcher die Lehnhäuer beliehen worden sind, ihr Bergwerkseigentum verliert, und daſs nun eine andere Gewerkschaft an deren Stelle tritt.

Alle diese Fälle sind im Bergbau des 14. Jahrhunderts vorgekommen und damals auch Gegenstand der Gesetzgebung und Rechtsprechung geworden.

Der erste Fall, in welchem die Lehnhäuer mehrere subordinierte Oberherren haben, ist bereits im Vorhergehenden kurz gestreift worden. Wir sahen nämlich, daſs die Constitutiones im Gegensatz zum älteren Rechte, den Lehnhäuern eine Afterverleihung gestatteten[1].

Dieser Fall kam auch in der Praxis tatsächlich vor[2]. Hierbei entstand nun Streit darüber, an wen die Afterlehnhäuer Eygenschaft zu zahlen haben. Sind sie nur den Lehnhäuern, von denen sie ihr Recht unmittelbar erlangt haben, abgabepflichtig, oder können auch ihre mittelbaren Oberherren, nämlich die Gewerken des Hauptstollens eine Abgabe verlangen? Der Oberhof von Iglau hat diese Streitfrage dahin entschieden, daſs die Stollengewerken ebenfalls berechtigt sein sollen. Mithin haben die Afterlehnhäuer doppelte Eygenschaft zu zahlen[3].

Den zweiten Fall, in welchem die Oberherren der Lehnhäuer einander koordiniert sind, lernen wir aus einem Vertrage kennen, den die Gewerken der Gruben St. Andreas mit den Gewerken der Grube zum Czappenschuh, beide in Böhmen, geschlossen haben. Die Situation war folgende: Die Gruben von St. Andreas und zum Czappenschuh lagen nah bei einander. Bei der Vermessung ergab sich daher, daſs ein Teil des Gebietes von St. Andreas mit dem Gebiete der Grube zum Czappenschuh zusammenfiel.

Auf den Rat der Schöffen von Kutenberg einigten sich nun die beiden Parteien in folgender Weise:

Die Gewerken beider Gruben sollten den Ertrag des strittigen Gebietes unter einander teilen. Zugleich wurde für die Lehnhäuer bestimmt: Wenn die Lehnhäuer von St. Andreas und die Lehnhäuer von Czappeschuh auf dem strittigen Gebiete zusammenträfen, so sollten sie „ihre Lehnschaft zu

---

tag, die mag man nicht wieder nehmen, für denselbigen Tag. Ist es aber, das einer die Lehenschaft wieder haben will, so soll er den halben teil geben, dem er die Lehenschaft verliehen hat an demselbigen theil.
[1] Constitutiones, Buch 1, Kap. 14.
[2] Urteil von Iglau, bei Tomaschek, S. 31.
[3] Duplex Proprietas, Tomaschek, S. 31.

hauf legen", d. h. sie sollten gemeinschaftlich mit einander arbeiten. Vom Ertrage sollten sie die Eygenschaft zur Hälfte an die Gewerkschaft St. Andreas, zur andern Hälfte aber an die vom Czappenschuh abliefern [1].

Dieser und ähnliche Fälle zeigen deutlich, wie notwendig es war, dafs die Gesetze den Parteien bei der Regelung des Vertrages freie Hand liefsen. Das Rechtsverhältnis der Lehnschaft mufste biegsam sein, um den mannigfaltigen Verhältnissen in der Praxis des Bergbaues angepafst werden zu können.

Besondere Schwierigkeiten scheint jedoch der dritte Fall bereitet zu haben. Die Gewerkschaft verliert aus diesem oder jenem Grunde, z. B. weil sie Strecken abgebaut hat, die in fremdes Gebiet fallen [2], ihre Befugnis. Eine andere Gewerkschaft tritt an ihre Stelle. Es fragt sich nun, wie wirkt diese Veränderung auf das Recht der Lehnhäuer ein, die ihre Lehnschaft von der ersteren Gewerkschaft erhalten haben.

Das Freiberger Bergrecht B. hat den Fall in folgender Weise behandelt: „Wo eyn berg adir stolle adir lehen eyn andir gewynnen myt dem rechten unde habyn lenheuwer lenscheffte da ynne, dyselbyn lenscheffte alle damyte gewunnen myt rechte" [3].

Hiermit ist das Recht der neuen Gewerkschaft auf die Lehnschaft zweifellos festgestellt. Dagegen bleibt immer noch unentschieden, ob damit nur gesagt sein soll, dafs die Lehnhäuer jetzt ihre Abgabe an die neuen Gewerken zahlen, oder ob die Lehnhäuer ihr Recht völlig verlieren.

In den Constitutiones und in der Praxis der Gerichte wird die Frage dahin entschieden: „alle lehenheuer die in demselben gemessen perg sein recht geben sol, und begriffen werden, die schollen sitzen bleiben" [4], jedoch der neuen Gewerkschaft Eygenschaft zahlen.

„Sane si a concessoribus argentifodium, in quo concessiones fuerint, amittatur, aut alio modo quolibet in alium transferatur, nihilominus laneonary sectores pro eadem proprietate omnique jure sicut prius in suis concessionibus remanebunt, quia res inter alios acta, alys non prejudicat, et eciam res transit cum suo onere et honore" [5].

Man hat aus dieser Bestimmung der Constitutiones entnehmen wollen, dafs die Lehnschaften als ein dingliches Recht an der Zeche haften [6]. Diese Folgerung dürfte jedoch unrichtig sein. Der Gesetzgeber der Constitutiones selbst fafst

---

[1] Prozefs in Iglau, Tomaschek, S. 108.
[2] In den zahlreichen Markscheidungsprozessen, die uns erhalten sind, kommen solche Fälle häufig vor.
[3] Freiberger Bergrecht B, § 38.
[4] Urteil von Iglau, Tomaschek, S. 80.
[5] Constitutiones, Buch 3, Kap. 5.
[6] Sternberg, Bd. 2, S. 129.

vielmehr die Lehnschaft als eine rechtliche Beziehung von Person zu Person auf[1]. Eine Ansicht, die auch der Auffassung der übrigen Bergrechte entspricht.

Die Bestimmung, dafs die Lehnhäuer trotz des Wechsels der Zecheneigentümer im Besitze der Lehnschaften bleiben, ist mithin keineswegs eine theoretische Folgerung aus der angeblich dinglichen Natur der Lehnschaft. Vielmehr ist es eine Specialbestimmung, die aus praktischen Erwägungen im Interesse des Bergbaues erlassen wurde. Gerade in der Industrie, mit ihren komplizierten technischen Verhältnissen, finden wir ja auch heute häufig die Anwendung von Specialbestimmungen, da allgemeine, auf theoretischen Erwägungen beruhende Bestimmungen nicht immer ausreichen, um die wirtschaftlichen Realitäten in ihrer Mannigfaltigkeit zu treffen.

Vielleicht kann man die Bestimmung der Constitutiones, welche die Lehnhäuer in ihrem Besitze gegenüber dem wechselnden Eigentume der Gewerken schützt, als eine socialpolitische Mafsregel bezeichnen[2].

---

[1] „Jure autem montanorum concessio est de persona pro quota parte lucri concessi rei translacio aliam in personam." Constitutiones, Buch 3, Kap. 1.

[2] Vergl. hierüber den Aufsatz von Menzel, Sociale Gedanken im Bergrecht. Eine rechtsgeschichtliche Studie in Grünhuts Zeitschrift, Band 18, S. 481 ff.

Dritter Abschnitt.

§ 8. Die Teilmiete.

Die Teilmiete (Teilpacht) begründet das Recht, einen Teil des einer Gewerkschaft gehörenden Gebietes während einer bestimmten Zeit[1] zu nutzen, gegen Zahlung einer bestimmten Summe an die Gewerkschaft.

Von dem Gewerkschaftsverhältnis unterscheidet sich also das Teilpachtverhältnis dadurch, dafs der Teilpächter keinen genossenschaftlichen Anteil am Bergwerkseigentum hat, sondern dafs er den Gewerken gegenüber nur obligatorisch zum Abbau berechtigt ist.

Schwieriger ist die Abgrenzung der Teilmiete von der Lehnschaft.

Man hat behauptet, die Teilmiete unterscheide sich von der Lehnschaft im wesentlichen dadurch, dafs bei der Lehnschaft eine dauernde Überlassung von Bergteilen stattfinde, bei der Teilmiete dagegen nur eine zeitweilige Überlassung[2]. Diese Behauptung steht jedoch im Widerspruch mit dem in Freiberg tatsächlich geübten Brauche, die Lehnschaften regelmäfsig nur auf Zeit zu vergeben[3]. Neuburg betrachtet als Unterschied zwischen Teilmiete und Lehnschaft, dafs die Gegenleistung des Teilmieters in einer bestimmten Geldsumme bestehe, während der Lehnhäuer einen Bruchteil des geförderten Ertrages eine Quote zahle[4].

Zycha versteht unter Lehnschaft „einen seitens der Gewerkschaft zu selbständigem Abbau gegen eine Quote der Förderung hingegebenen, gröfseren oder geringeren Teil des Grubenfeldes"[5]. Dagegen: „Gemietet wird ein Teil, wenn jemand gegen ein gewisses Entgelt von einem Teilbesitzer das Recht auf dessen Ausbeutungsanteil gegen die Verpflichtung erwirbt, den Teil an Stelle der Gewerken zu verbauen[6]."

---

[1] „Bis zu synem tage", Freiberger Bergrecht A, § 22.
[2] Ermisch, S. XCV.
[3] Freiberger Urkundenbuch II, S. 244: Es ist auch nicht gewonlich noch lewfftig, das man jarsfrist gibt, gesweig denne solche lange tzeit.
[4] Neuburg, S. 221.
[5] Zycha, Das böhmische Bergrecht des Mittelalters, Bd. I, S. 287.
[6] Zycha, a. a. O. S. 295.

Am deutlichsten aber dürfte die Verschiedenheit der beiden Rechtsinstitute hervortreten, wenn man zunächst ihre wirtschaftlichen Unterscheidungsmomente betrachtet.

Aus dem Freiberger Recht und insbesondere aus den Constitutiones Wenzeslai geht hervor, dafs die Lehnschaft dazu diente, solche Bergteile, die den Gewerken nicht lohnend erschienen, abbauen zu lassen. Die „armen Lehnhauer" begnügten sich mit einem geringen Gewinn. Sie waren nicht aber ihrer mit kostspieligen Anlagen den Berg zu erschliefsen; im stande, Hände Arbeit genügte, um auch aus armen Bezirken einiges Erz zu förden. Die Abgabe, welche sie hierfür den Gewerken schuldeten, bestand in einem Teile des gewonnenen Erzes. Diese Abgabe war also nur fällig, „wenn ihnen Gott Ertz bescherte".

Der Teilmieter hingegen war ein Kapitalist. Wenn einer Gewerkschaft Kapital fehlte, um Stollenanlagen u. s. w. einzurichten, dann überliefs man einen Teil des Bergwerks dem Kapitalisten auf Pacht. Der Kapitalist zahlte eine bestimmte Summe und gewann hierfür das Recht, durch seine Arbeiter den Berg abbauen zu lassen und den Ertrag des Bergwerks, oder einen Teil des Ertrages in Anspruch zu nehmen. Das Risiko des Teilpächters ist mithin gröfser als das der Lehnhäuer, da der Pächter stets die volle Summe zu zahlen hat, gleichviel ob ihm der Betrieb Erträgnisse brachte oder nicht.

Entsprechend dieser weitgehenden Verpflichtung hatten die Teilmieter auch weitgehende Freiheiten. In beiden Freiberger Rechten heifst es hierüber: Mietet ein Mann Teile, so darf er Tag und Nacht seine Häuer im Bergwerke arbeiten lassen, soviel er will, ohne dafs ihn der Vermieter der Teile daran hindern darf[1].

Das Freiberger Recht A. fügt hierzu die Bemerkung, es sei zweifelhaft, ob der Häuer „nach seiner Lust hauen dürfe oder nicht". Diese Bemerkung bezieht sich darauf, dafs die Pächter nicht immer räumlich von den Gewerken getrennt waren und sich daher „in den Turnus und die Arbeit der Genossenschaft einfügen mufsten"[2].

Es scheint jedoch, dafs sich im Laufe der Zeit das Teilpachtverhältnis in der Weise verändert habe, dafs der Pächter ein ganzes Bergwerk übernahm oder doch wenigstens ein völlig abgeschlossenes Gebiet abbaute. § 31 des Freiberger Bergrechts B unterscheidet sich nämlich von dem citierten § 22 des Freiberger

---

[1] „Mitet eyn man teil, do man ercz heuwet, eyn czeyendrystel adir me, der mag heuwere senden adir legen, wy vil her wil, tag und nacht, bis czu syme tage; des enmag ym jenre nicht geweren, des dy teil syn, her buwet, so her allernuczlichzte mag. Abir czu heyligen gecziten wene ich nicht, das her icht gehauwen moge mit keyme rechte." Bergordnung A, § 22. Ähnlich Bergordnung B.
[2] Schmoller a. a. O. S. 65.

Bergrechts A dadurch, dafs erstens die Worte „ein czweyendreystel adir me" fehlen. Also der direkte Hinweis auf den Bergteil ist fortgefallen. Zweitens aber fehlt auch der Hinweis darauf, dafs die Arbeit des Teilpächters durch die Gewerken irgendwie eingeschränkt werden könne.

Jedoch die Mitteilungen des Freiberger Rechts über die Teilmiete sind so spärliche, dafs sich völlig sichere Schlüsse hieraus nicht ziehen lassen.

Auch die Constitutiones Wenzeslai enthalten keine ausführlichen Angaben über die Teilmiete, obwohl dies Rechtsinstitut in den böhmischen Bergwerken gegen Ende des 13. Jahrhunderts eine erhebliche Rolle spielte.

Locatio conductio maxime nos et nostros tangit montanos, eo quod a seculo non est auditum, tot magnas et preciosissimas locaciones et conductiones contrahi, in tam modico terrae spacio, sicut in argentifodio nostro Chutnae, nobis ab origine mundi celesti providencia reservatum.

In der darauffolgenden Regelung wendet der Gesetzgeber die römischen Rechtssätze von der locatio conductio auf die Teilmieten an. Den Beschlufs bildet die Entscheidung einer Streitfrage, die offenbar in der Praxis häufig zur Verhandlung kam. Die Frage lautet: Darf der Pächter nach Ablauf der Pachtzeit diejenigen Erze, die er bereits aus dem Felsen gewonnen, aber noch nicht aus der Zeche entfernt hat, an sich nehmen oder nicht?

Der Verfasser der Constitutiones erklärt, nachdem er drei verschiedene Ansichten, die darüber geäufsert worden sind, verworfen hat, dafs der naturalis ratio folgende Ansicht entspreche:

Die Pächter dürfen das Erz, welches sie in der letzten Woche vor Ablauf der Pachtzeit gewonnen haben, als ihr Eigentum aus der Grube fördern. Hingegen soll das Erz, welches die Pächter früher gewonnen haben, ohne es herauszufördern, ihnen verloren sein.

Ueber die Dauer des Pachtvertrages enthalten weder die Freiberger Rechte, noch das Böhmische Recht irgendwelche Mitteilungen. Dagegen wird hierüber im Harzer Bergrecht bestimmt, dafs der Vertrag im Zweifel nach Ablauf eines Jahres ende.

Hierzu fügte das Harzer Recht folgende merkwürdige Einrichtung: Angenommen, ein Pachtvertrag ist auf mehrere Jahre geschlossen worden. Nach Ablauf des ersten Jahres behauptet der Verpächter, der Vertrag sei beendet. Jedoch der Pächter beweist vor Gericht durch Urkunde oder Zeugen oder Eid das Gegenteil. In diesem Falle bleibt der Pächter natürlich im Besitze, jedoch greift folgende eigentümliche Bestimmung Platz: wenn der Pächter seinen Beweis nicht durch Urkunden oder Zeugen, sondern lediglich durch einen Eid angetreten hat, so ist er verpflichtet, von jetzt ab den doppelten Pachtzins zu zahlen.

Neuburg erklärt diese Bestimmung damit, „dafs man der Möglichkeit entgegenarbeiten wollte, der Mieter könne seinen Vertrag widerrechtlich zu verlängern suchen, wenn die Grube reichen Ertrag gab, oder man wenigstens für diesen Fall auch dem Eigentümer einen Anteil an dem höheren Ertrage sichern wollte"[1].

Dieser Erklärung Neuburgs möchte ich noch folgende Erwägung hinzufügen. Man berücksichtige, welche Rolle im deutschen Prozesse der Eid des Beklagten spielte. Das Deutsche Recht hat dem Beklagteneide als Beweismittel keineswegs dieselbe Bedeutung beigemessen, wie dem Beweise durch Urkunden oder Zeugen. Dem Zeugenbeweis gegenüber trat der Eid durchaus zurück. Im ganzen deutschen Reich zeigt sich dieser Gegensatz zwischen der Probatio und iusiurandum[2].

Hierzu kommt speciell für das Bergrecht folgende Erwägung: In den mittelalterlichen Bergordnungen wird seitens der Gesetzgeber häufig dahin gestrebt, dafs die Parteien zum Vertragsschlusse Zeugen heranziehen oder Urkunden aufnehmen[3].

In Übereinstimmung hiermit ist die Bestimmung des Harzer Rechts meines Erachtens folgendermafsen zu erklären:

Der Gesetzgeber will die Teilpächter veranlassen, die Vertragsbedingungen schriftlich zu fixieren, oder den Pachtvertrag vor Zeugen abzuschliefsen. Unterliefs der Pächter dies, so geschah das auf seine eigene Gefahr, er wurde zwar zum Eide zugelassen, und er blieb auch nach Leistung des Eides im Besitze, jedoch mufste er bezüglich der Höhe der Pachtsumme dem Kläger die gesetzlich fixierten Konzessionen machen.

---

[1] Neuburg, S. 221.
[2] Siehe die bei Schröder erwähnten Quellenbelege. Schröder, Deutsche Rechtsgeschichte, S. 360, Anm. 29.
[3] Zum Beispiel: Const. Wenc. 1, Kap. III. Unde valde cautum, erit, haec omnia sub bono testimonio declarare.

Vierter Abschnitt. Das Gedinge.

§ 9. Das Aufkommen der Lohnarbeit und die Entstehung des Gedinges.

Alle jene Quellen des 12., 13. und 14. Jahrhunderts, die uns über den Kostvertrag, über Lehnschaft und Teilmiete berichten, thun auch der Lohnarbeit Erwähnung.

Jedoch von einer umfangreichen Anwendung der Lohnarbeit ist in diesen Jahrhunderten noch wenig zu bemerken.

Es mangelte an Leuten, die sowohl die Fähigkeiten als auch das Kapital besafsen, einen umfangreichen Bergbau mit Lohnarbeitern zu betreiben.

Zwar jene Zeiten waren vorüber, wo die Regalherren der Anwendung von Lohnarbeit nachdrücklich entgegenarbeiteten[1], aber nur wenige waren in der Lage, ihren Betrieb mit zahlreichen Arbeitern zu betreiben.

„Es ist bezeichnend für die geringe Unternehmungskraft der damaligen Zechen, dafs 1379 in Meifsen nicht etwa sie Wasserkünste bauen oder Verträge mit Wasserbauverständigen eingehen, sondern dafs die Meifsener Markgrafen mit einem Konsortium von Prager, Nürnberger, Rothenburger Kapitalisten und Sachverständigen einen Vertrag dahin abschliefsen, sie sollten ein Bergwerk nach dem andern gegen gewisse feste Zahlungen und die Hälfte des durch sie ersparten Geldes mit Wasserkünsten versehen[2]."

Es sind fast einzig die Teilpächter, die regelmäfsig Arbeiter beschäftigten. Im übrigen scheint es noch viele Gewerken gegeben zu haben, die gegen Zahlung von Kost auch für andere Gewerken die Arbeit übernahmen, und wenn die Arbeitskräfte der Gewerken nicht ausreichten, so bot die Lehnschaft ein Auskunftsmittel.

Die Kost empfangenden Gewerken einerseits, die Lehnhäuer andererseits verrichteten in der Hauptsache die Bergarbeit.

---

[1] Vergl. die Beschränkung der Lohnarbeit im Trienter Statut von 1208. Vergl. Schmoller in seinem Jahrbuch, 15. Jahrg., Heft 3, S. 66.
[2] Schmoller, a. a. O. S. 73.

Ganz allmählich jedoch rückten an ihre Stelle die Lohnarbeiter.

Im Kostvertrage und in der Lehnschaft fanden die Lohnarbeiter Rechtsinstitute vor, die in mancher Hinsicht denselben Zwecken dienten, wie die Lohnarbeit, und die auch mit der Lohnarbeit gewisse Eigenschaften gemeinsam hatten.

So kam es, dafs manche Rechtssätze, die für den Kostvertrag oder für die Lehnschaft gegolten hatten, nunmehr auch für die Lohnarbeit in Wirksamkeit blieben. So kam es auch, dafs manche technischen Ausdrücke, die sich ursprünglich auf den Kostvertrag bezogen, späterhin für die Lohnarbeit und speciell für das Gedinge in Anwendung kamen.

Ja sogar das Wort „Gedinge" selbst, das im Bergrecht den Accordvertrag der Lohnarbeiter bezeichnete, hat seinen Ursprung im Kostvertrage der Gewerken.

Diese so verschiedenartige Anwendung völlig gleicher Rechtssätze und Ausdrücke hat in der Wissenschaft zu einigen Irrtümern bezügl. der Chronologie der Lohnarbeit geführt.

So bemerkte z. B. Meyer in seiner „Goslarischen Bergwerksverfassung"[1] Folgendes:

Aus Art. 100 des Goslarischen Bergrechts gehe hervor, dafs damals die Accordarbeit, das Gedinge verbreitet gewesen sei, denn in diesem Artikel sei vom „Stufenschlagen" die Rede, das Stufenschlagen aber sei eine beim Abschlusse des Gedinges übliche Operation.

Der Fehler in diesem Schlusse besteht darin, dafs Meyer das „Stufenschlagen" als eine lediglich beim Accordlohnvertrage übliche Verrichtung betrachtet. Thatsächlich jedoch fand das Stufenschlagen beim Kostvertrage zu Wurffen ebenfalls statt[2].

Mithin kann man unmöglich aus dem Vorkommen des Ausdrucks „Stufenschlagen" ohne weiteres auf ein Vorkommen der Accordlohnarbeit des Gedinges schliefsen.

Ich führe diese Stelle hier an, weil sie typisch ist für eine Art von Trugschlüssen, die auch neuerdings (besonders von Zycha) angewendet worden sind, und mit deren Hilfe man zu dem Resultate gekommen ist, dafs schon im 13. Jahrhundert, ja nach Zychas Ansicht schon im 12. Jahrhundert die Lohnarbeit im deutschen Bergbau verbreitet war.

Zycha bringt zahlreiches Material herbei, um zu beweisen, dafs „bereits vor Ende des 12. Jahrhunderts der Stand der Lohnarbeiter sich ausgebildet habe"[3].

Bei seiner Beweisführung beachtet Zycha jedoch nicht, dafs in den Quellen die Worte: „laboratores" „erbeiter"

---

[1] Meyer, Goslarische Bergwerksverfassung, S. 186 ff.
[2] Freiberger Bergrecht A, § 15, B, § 23, § 24.
[3] Zycha, Ältestes Bergrecht, S. 105.

„heuer" „bouwer" bald für arbeitende Gewerken, im Gegensatz zu den kostgebenden, bald für Lehnhäuer, bald für Lohnarbeiter angewendet werden, und dafs sich stets erst aus dem Zusammenhang ergiebt, was im einzelnen Falle gemeint ist.

Dies beachtet Zycha nicht. Vielmehr nimmt er jede Quellenstelle, welche von „laboratores" oder „Arbeiter" spricht, ohne weiteres für seine Theorie in Anspruch. Die Hauptstützen Zychas sind:

1. einige Stellen des Trienter Statuts von 1208,
2. die jura silvanorum von 1219,
3. einige Quellenstellen (Friesacher Verträge, Iglauerrecht), die vom Kostvertrage handeln,
4. die Constitutiones Wenceslai.

ad 1) In den Trienter Statuten heifst es: si quis eorum per quindecim dies non bareitauerit nec raitungum tenuerit laboratoribus, ipso jure cadat ille a sua parte laborerii illius u. s. w. An anderer Stelle sagt das Statut: quod nullus de cetero denegat alicui vel aliquibus laboratoribus raitungum suum u. s. w [1].

Zycha citiert diese Stellen mit der Behauptung, dafs hier „direkt Lohnarbeiter genannt werden"! Für diese Behauptung tritt er keinen Beweis an, der sich auf den Zusammenhang der Stellen stützte, sondern das Wort „laboratoribus" genügt ihm vollkommen.

Nun handeln aber diese Stellen in Wirklichkeit nicht von der Lohnarbeit. Es wird das schon deutlich, wenn man nur den Anfang der Stelle berücksichtigt, der da lautet: si aliquis partem habeat in monte arzenterie, et maior pars sociorum suorum voluerit ibi laborare, precipimus, quod omnes socii illius laborerii teneantur baraitare [2].

Was also wird in diesen citierten Sätzen gesagt? Ein Teil der Genossen will arbeiten, diese arbeitenden Genossen werden mit „laboratores" bezeichnet. Das genügt völlig zur Erklärung der Stelle, so dafs man auf die unwahrscheinliche Heranziehung der Lohnarbeit garnicht einzugehen braucht.

ad 2) In den Jura silvanorum von 1201 ist von „servientes" die Rede.

Es ist höchst auffällig, dafs Zycha diese Stelle, die sich auf die silvani = Hüttenleute bezieht, für die Verbreitung der Lohnarbeit in den Bergwerken anführt [3]. Denn die Eigentums- und Arbeitsverhältnisse in den Hütten waren durchaus verschieden von denen in den Bergwerken. In Goslar erscheinen „als Inhaber der Hütten stets einzelne Personen, die

---

[1] Codex Wang., S. 446.
[2] Daselbst.
[3] Silvani sind dieselben wie im Freiberger Bergrecht A, § 23, B, § 39 als „waltworchte" bezeichnet werden.

als Hüttenherren=Treibherren bezeichnet werden. Es wird der Möglichkeit gedacht, dafs einer zwei Hütten besitze, aber nie der anderen bei den Gruben stets wiederholten Sitte, dafs einer Teile besitze"[1].

Die Trennung zwischen Bergwerken und Hütten, die zu einer verschiedenartigen Entwickelung bei beiden führte, gilt übrigens nicht nur für den Harz, sondern sie findet sich z. B. auch in Freiberg, wo ausdrücklich bestimmt war, dafs waltworchten nicht ins Bergwerk fahren dürfen.

Man hat nach alledem kein Recht, die Nachrichten, die wir von den Silvani haben, auf die ganz anders gearteten Verhältnisse des Bergbetriebes zu übertragen.

ad 3) Zycha sagt: „Einen anderen Beweis für die Existenz eines Lohnarbeiterstandes liefern jene Quellenstellen, welche von einem Bau auf Kost handeln, d. h. nach welchen die Leistungspflicht des einzelnen Gewerken gegenüber der Gewerkschaft die Aufwendung einer gewissen Geldsumme für die Besorgung des Betriebes proportional seinem Anteilrechte beinhaltet; denn diese Summe kann nur entlohnten Arbeitskräften zugeflossen sein. Solche Belege reichen noch höher hinauf als die oben beigebrachten. Schon der älteste Friesacher Bergwerksvertrag (1185) dokumentiert, dafs für den Bergteil regelmäfsige, jede Woche fällige Aufwendungen zu machen waren, falls die Arbeit nicht persönlich geleistet wurde.

Si quis sociorum eorundem, heifst es in demselben, ebdomadam unam neglexerit ibi laborare d. h. also: wenn ein Genosse eine Woche lang nicht persönlich gearbeitet hätte — in sequenti duplum expensarum restituet — dann soll er am Ende der zweiten das Doppelte aufwenden, nämlich jenen Betrag, der nötig war, um den Betrieb während der ersten wie während der zweiten Woche an seiner Statt durch Lohnarbeiter besorgen zu lassen; et si in tercia similiter omiserit dimidiam marcam dabit, et frater noster interim expensas ad opus dabit. Es fragt sich, ob unter den expensae nicht Aufwendungen verstanden werden könnten, welche für gemeinsame Bergwerksanlagen, Beschaffung maschineller Vorrichtungen u. s. w., nicht aber für die eigentliche Bergmannsarbeit gemacht werden mufsten. Das ist aber u. E. schon dadurch ausgeschlossen, dafs diese expensae als regelmäfsige, allwöchentliche, in gewissen Grenzen fixe erscheinen, während jene anderen Aufwendungen unregelmäfsig und ungleich hoch gewesen sein müssen. Nicht minder klar tritt aus dem zweiten Friesacher Bergwerksvertrage (1186) die Verwaltung von Bergteilen durch Geben von Kost hervor; denn hier wird das nicht auf Teilbesitz beruhende Abgaberecht der Grundherrschaft bezeichnet

---

[1] Schmoller, a. a. O. S. 54.

als nona pars totius questus, welche absque sumptu nostro nobis ab omnibus illis communicatoribus gezahlt werden soll; e contrario ergiebt sich, daſs Kostgeben (sumptus facere) mit der Gewerkenstellung verknüpft ist. Ähnlich wird die nona pars 1202 näher gekennzeichnet als „gratis laborata". Für 1216 berichtet eine andere Admonter Urkunde von versessener Kost, die in der zweiten Woche, wie oben erwähnt, nachgezahlt werden muſs. Ohne weiteren Kommentar kann die Bestimmung des Trienter Rechtes hier gesetzt werden (1208): si aliquis partem habeat in monte arzenterie, et maior pars sociorum suorum voluerit ibi laborare, precipimus, quod omnes socii illius laborerii teneantur baraitare.

Zychas Beweisführung beruht auf der Ansicht, daſs die Kost zur Bezahlung von Lohnarbeitern verwendet worden sei. Giebt man das zu, so knüpft sich hieran in logischer Folge der Satz: Die Entstehung der Lohnarbeit sei gleichzeitig mit dem Aufkommen des Kostvertrages anzusetzen. Da nun bereits Quellen des 12. Jahrhunderts vom Kostvertrage sprechen, so sei anzunehmen, daſs sich bereits „vor Ende des zwölften Jahrhunderts der Stand der Lohnarbeiter ausgebildet habe"[1].

Der Vordersatz, von dem Zycha ausgeht, lautet:

„Diese Summe (die Kost) kann nur entlohnten Arbeitskräften zugeflossen sein[2]."

Zycha nimmt an, daſs die Richtigkeit dieses Satzes selbstverständlich sei, denn er ist der Ansicht, es sei der Zweck des Kostvertrages gewesen, daſs an Stelle des kostgebenden Gewerken, der selbst nicht mitarbeitet, Lohnarbeiter eingestellt wurden, die den Betrieb an seiner Statt besorgten.

Für diese Behauptung erbringt Zycha keinen Beweis. In den von Zycha citierten Quellen ist keine einzige Stelle enthalten, in der gesagt wäre, daſs die Kost zur Bezahlung von Lohnarbeit gedient habe.

Jedoch sucht Zycha den Beweis wenigstens für den Freisacher Vertrag von 1185 indirekt zu führen. Er weist darauf hin, daſs die expensae als „regelmäſsige, allwöchentliche, in gewissen Grenzen fixe" Summen erscheinen. Gemeinsame Aufwendungen für Bergwerksanlagen u. s. w. könnten daher unter expensae nicht verstanden werden, sondern nur Ausgaben für Lohnarbeit.

Dem gegenüber möchte ich auf Folgendes hinweisen: Der erste Satz: Si quis sociorum eorundem ebdomadam unam neglexerit ibi laborare in sequenti duplum expensarum restituet, enthält noch keinen Hinweis darauf, daſs die expensae als

---

[1] Zycha, Ältestes Bergrecht, S. 105.
[2] Zycha, S. 107.

"regelmäfsige, allwöchentliche, in gewissen Grenzen fixe" Summen erscheinen.

Erst im zweiten Satze wird eine fixe Summe erwähnt, nämlich: dimidiam marcam dabit. Jedoch mit dem Zusatze: et frater noster interim expensas ad opus dabit.

Die dimidia marca kann entweder eine vorläufige Zahlung sein, die gefordert wurde, bevor die Höhe der expensae endgültig festgestellt worden war, oder aber eine fixe Strafsumme, die bei längerem Ausbleiben eines Gewerken[1] neben dem Ersatz der expensae fällig wurde[2].

Der Schlufs, den Zycha aus dieser Stelle zieht, ist daher keineswegs zwingend. Ebensowenig enthalten die übrigen Stellen (Freisacher Werk 1186, ferner Urkunden von 1201, 1208, 1216) irgend einen Hinweis darauf, dafs die Kost zur Bezahlung von Lohnarbeitern verwendet worden sei.

Das Vorkommen der Worte: laborare, laboratores genügt keineswegs, um zu erweisen, dafs der Bergbau durch Lohnarbeiter ausgeführt wurde[3].

ad 4. Schliefslich zieht Zycha die Constitutiones, Buch I Kap. 8 heran, um zu beweisen, dafs die Lohnarbeit zur Zeit der Abfassung dieses Gesetzes bereits verbreitet war. In Buch I Kap. 8 steht eine Bestimmung, der zufolge der Bergmeister dafür zu sorgen hat, dafs den Arbeitern der Lohn pünktlich ausgezahlt werde.

Jedoch trotz dieser Bestimmung scheinen die Constitutiones am wenigsten von einer Verbreitung der Lohnarbeit zu sprechen. Gerade in den Constitutiones Wenceslai, die, um im System lückenlos zu sein, die entferntesten Dinge heranziehen und erörtern, mufs es besonders auffallen, dafs der Arbeitsvertrag der Bergleute nur ganz kurz erwähnt worden ist. Während das Rechtsverhältnis der Lehnhäuer aufs eingehendste geregelt wurde, sind nur ganz vereinzelte Bestimmungen über die Lohnzahlung getroffen. Wenn thatsächlich die Lohnarbeit damals in Böhmen bereits verbreitet gewesen wäre, dann hätte sich der Verfasser der Constitutiones die Gelegenheit zu einer ausführlichen Erörterung sicherlich nicht entgehen lassen.

Dafs es im 13. und 14. Jahrhundert bereits Lohnarbeiter gab, ist noch von niemand bestritten worden. Schon im

---

[1] Bei längerem Ausbleiben! Daher die Erwähnung der dimidia marca erst im zweiten Satze: et si in tercia similiter ermserit.
[2] Zycha selbst meint wenigstens: „In dieser fixen Summe scheint ein Strafbetrag eingeschlossen zu sein."
[3] Vergl. oben S. 24, Anm. 1. Zycha giebt in seinem neueren Werke (Das böhmische Bergrecht des Mittelalters, Bd. I, S. 296) selbst zu, dafs die Bezeichnung „laboratores auch noch für die Gewerken angewendet werde".

Trienter Statut von 1208[1] und später im Freiberger Recht,[2] wird davon gesprochen und die ersten Gedingebestimmungen datieren schon vom 14. Jahrhundert.

Diese bekannte Thatsache wird durch Zycha nur bestätigt. Wenn er darüber hinaus behauptet, dafs bereits im 12. Jahrhundert ein ausgebildeter Lohnarbeiterstand existiert habe, und dafs die Lohnarbeit damals bereits „das Normale" gewesen sei, so ist er dafür trotz der zahlreich von ihm citierten Quellenstellen den Beweis schuldig geblieben.

§ 10. Die ersten Gedingebestimmungen im 14. Jahrhundert.

Von den Bergrechtsbestimmungen, die im 14. Jahrhundert im Harz[3], in Sachsen[4], Schlesien[5], Böhmen[6], Ungarn[7], im Schwarzwald[8] und in Salzburg entstanden sind, erwähnen nur die sächsischen Ordnungen und das Iglauer Recht das Gedinge.

Jedoch selbst von den wenigen Bestimmungen über das Gedinge bezieht sich nur eine einzige auf den Accordlohnvertrag, also auf den Vertrag, den man bis zum heutigen Tage als Gedinge bezeichnet.

In dem ersten Abschnitt dieser Untersuchung, wo vom Kostvertrag die Rede war, wurde bereits bemerkt, dafs man die Einigung der Parteien über die Höhe der Kostzahlung ebenfalls Gedinge nannte. Diese gleichartige Bezeichnung für den Abschlufs des Kostvertrages und für den Abschlufs des Accordlohnvertrages erklärt sich folgendermafsen: Beim Kostvertrage, zumal bei der Kost zu Wurffen mufsten die Parteien sich darüber einigen, in welchem Verhältnisse die zu zahlende Kost zu der Arbeitsleistung der arbeitenden Gewerken stehen solle. Ganz ähnlich beim Accordlohnvertrage! Hier mufsten die Parteien sich darüber einigen, in welchem Verhältnisse der zu zahlende Lohn zur Arbeitsleistung der Lohnarbeiter stehen solle.

Beide Feststellungen liefen technisch auf dasselbe hinaus, nämlich auf einen Vergleich zwischen der Gröfse einer Arbeitsleistung und der Höhe einer Geldzahlung.

---

[1] Codex Wang., S. 447.
[2] Freiberger Bergordnung A, § 22.
[3] Schaumann, 1841, S. 260 ff. — Wagner, Corpus juris Metallici, S. 1021 ff.
[4] Ermisch, Sächs. Bergrecht im Mittelalter, Freibg. Urkundenbuch, Bd. 2.
[5] Steinbek, Geschichte des schles. Bergbaus.
[6] Tomaschek, Bergrecht von Iglau. — Schmidt, Österr. Berggesetze, Abt. I, Bd. I. — Sternberg, Geschichte der böhm. Bergwerke.
[7] Wagner, Corpus juris Metallici, S. 165 ff.
[8] Gothein, in der Zeitschrift für die Geschichte des Oberrheins, Neue Folge, Bd. 2, S. 385 ff.

Da lag es denn nahe, beide Verrichtungen mit dem gleichen Namen zu bezeichnen und beide Verrichtungen auf gleichartige Weise zu regeln.

Es gilt nun, die Gedingebestimmungen, welche sich auf den Kostvertrag bezogen, von denjenigen, welche die Lohnarbeit betrafen, zu trennen.

Als älteste Gedingebestimmung kommt § 18 der Freiberger Bergordnung A in Betracht.

Dieser Paragraph bezieht sich nicht auf die Lohnarbeit, sondern lediglich auf den Kostvertrag. Erstens nämlich wird der Lohnarbeit in diesem Paragraphen gar nicht Erwähnung gethan, zweitens aber wird in der citierten Stelle als Zweck des Gedinges das „geeygenen von teilen" bezeichnet. Mit anderen Worten: die Kontrahenten wollen sich darüber einigen, daſs jemand, der bisher am Bergwerke nicht beteiligt war, Anteile empfangen soll. Welche Bedeutung aber dieses „Teilegeben" hatte, zeigt § 14 der Bergordnung A. Der Anteilsempfänger gewann das Recht auf einen Teil der Erze und hatte als Entgelt Kost zu zahlen.

Es liegt mithin im § 18 nichts weiter vor als eine Bestimmung über den Abschluſs des Kostvertrages.

Noch deutlicher zeigt sich das in Bergordnung B, § 21 und in der Iglauer Ordnung, § 28.

Die Gedingebestimmung dagegen, welche sich auf die Lohnarbeit bezieht, ist in der Meiſsner Bergordnung vom Jahre 1328 enthalten. Die Bestimmung knüpfte an das geltende Recht, wie es in der Freiberger Bergordnung A niedergeschrieben war, an, erweiterte aber zugleich diese Rechtssätze erheblich. Es wurde nämlich bestimmt, daſs diese Gedingesätze nicht nur für die arbeitenden Gewerken, welche Kost empfingen, sondern in gleicher Weise auch für die Lohnarbeiter gelten sollten. Die arbeitenden Gewerken und die Lohnarbeiter werden in dieser Bergordnung einander gleichgestellt. Für beide wird der gemeinschaftliche Ausdruck „Gedinger" gebraucht, die Lohn oder Kost, „lone odir koist" empfangen.

Die Bestimmungen der Meiſsner Bergordnung über den Abschluſs des Gedinges sind folgende:

Erstens soll der Bergmeister oder der Bergrichter beim Verdingen gegenwärtig sein, wenn es irgend möglich ist (sie enhindere denne andere sache)[1]. Zweitens soll bei der Übernahme des Gedinges sowohl für die Arbeitsleistung wie für die Bezahlung Sicherheit geleistet werden. Drittens, wenn der Zahlungspflichtige nicht Lohn oder Kost zahlt, so verliert er seinen Anteil an seinen Gläubiger, sofern dieser im Prozeſswege verfährt.

---

[1] Freiberger Urkundenbuch, Bd. 2, S. 6.

Dieser Satz stimmt völlig mit den Regeln über den Kostvertrag im Freiberger Recht überein und bezieht sich auch wohl in erster Linie auf den Kostvertrag. Zu Gunsten der Lohnarbeiter aber wird folgendes hinzugefügt: Wolde abir der erbiter der teyl nicht vor sine phenninge so sal der voyt, in dez gerichte her gesessin ist, wenne im des bercmeistirs brief wirt, helfin mit phandunge, daz im sine phenninge werdin.

Dieser Satz zeigt deutlicher als alles andere, dafs die Meifsner Bergordnung ihre Gedingebestimmung nicht mehr für die arbeitenden **Gewerken** allein, sondern auch für die **Lohnarbeiter** gelten läfst.

So sind die Accordbestimmungen im engsten Anschlusse an die Bestimmungen über den Kostvertrag entstanden [1].

§ 11. Die Entwicklung der Gedingebestimmungen im 15. Jahrhundert.

Die Gedingebestimmungen haben sich im 15. Jahrhundert zu der Form entwickelt, die bis in die neueste Zeit, bis zur modernen Berggesetzgebung, überall in Deutschland in Geltung geblieben ist.

Dieselben Sätze, durch die im 15. Jahrhundert in Sachsen das Gedinge geregelt wurde, kehren im 16., 17. und 18. Jahrhundert in fast allen Bergordnungen Deutschlands wörtlich wieder. Ein grofser Teil dieser Bestimmungen hat in einigen Teilen Preufsens bis zum Gesetz vom 21. Mai 1861 und vom 24. Juni 1865 gegolten [2].

So haben die Gedingebestimmungen des 15. Jahrhunderts den Arbeitsvertrag in den Bergwerken Deutschlands durch mehrere Jahrhunderte beherrscht.

Die sächsischen Bergordnungen des 15. Jahrhunderts verdanken ihre Entstehung dem Landesherrn. Als der Bergbau in Freiberg arg darniederlag, suchten die Fürsten nach Ab-

---

[1] Es ist bemerkenswert, dafs sich die Gedingebestimmungen des Meifsner Statuts in der einige Jahre später niedergeschriebenen Kodifikation B nicht wiederfinden. Vielmehr findet sich in der Freiberger Bergordnung B fast dieselbe Regelung des Gedinges wie in der Ordnung A. Hieraus darf man vielleicht schliefsen, dafs die Lohnarbeit in der 1. Hälfte des 14. Jahrhunderts in Freiberg nur eine geringe Rolle spielte. Andernfalls wäre es schwer, zu erklären, weshalb man die einmal vorhandene Ordnung des Arbeitsvertrages so völlig unbeachtet gelassen hat.

[2] In den übrigen Teilen Deutschlands ergingen Berggesetze vor 1870 in Braunschweig, Sachsen-Meiningen, Sachsen-Gotha, Bayern, vor 1875 in Reufs j. L., Sachsen-Altenburg, Elsafs-Lothringen, Württemberg, vor 1880 in Anhalt, Hessen, Baden, in den 90er Jahren in Schwarzburg-Rudolstadt und Lübeck. Für Sachsen-Koburg hat noch heute die Saalfelder Bergordnung vom Jahre 1575 Gültigkeit. Diese lehnt sich an die St. Annaberger Ordnung von 1509 an und enthält fast wörtlich dieselben Gedingebestimmungen, die im 15. Jahrhundert in Sachsen entstanden sind.

hilfe und glaubten, dafs eine zweckmäfsige Regelung des Bergbaus grofsen Nutzen stiften werde. Als sich dann am Ende des 15. Jahrhunderts infolge der Entdeckung neuer Lagerstätten wiederum ein wirtschaftlicher Aufschwung zeigte, und infolgedessen viele Bergleute nach Sachsen strömten, wurde die Gesetzgebung ergänzt und hierbei der Arbeitsvertrag geregelt.

Um diese Entwicklung des Bergrechts und speciell der Gedingebestimmung im 15. Jahrhundert genau verfolgen zu können, bietet der zweite Band des Freiberger Urkundenbuchs eingehendes Material. Wir finden darin u. a. sämtliche Urkunden, die auf den Bergbau Sachsens im 15. Jahrhundert Bezug haben. Bis ins Detail läfst sich hier die Entwicklung des Bergrechts verfolgen. Man erhält Aufschlufs über die Anlässe, die zu dieser oder jener Regelung den Anstofs gaben, über die Vorbereitungen der Gesetze und auch über die Wirkungen, welche die neuen Bestimmungen ausübten.

Im folgenden soll an der Hand dieser Urkunden ein Überblick über die Entstehung und Entwicklung der Gedingebestimmung im 15. Jahrhundert gegeben werden.

Um die Mitte des 15. Jahrhunderts ging der sächsische Bergbau, der schon vordem eine erhebliche Minderung erfahren hatte[1], ganz bedeutend zurück[2].

Als erstes Mittel, um hier Wandel zu schaffen, benutzte man die sogenannte Bergbefreiung, eine Operation, über die erst das Freiberger Urkundenbuch einiges Licht verbreitet hat[3].

---

[1] „Durch die Unfruchtbarkeit der Bergwerke zu Frieberg" hatte der Münzmeister Liborius Senftleben im Jahre 1438 einen Verlust von 1000 rheinischen Gulden gehabt. Freiberger Urkundenbuch, Bd. 2, S. 83.

[2] 1444 finden die grofsen Bergbefreiungen statt, weil die Bergwerke zu Frieberg „in kurtzen jaren und bie unsern zciten grofslich abgenommen haben". Freiberger Urkundenbuch, Bd. 2, S. 90.

[3] Die Bergbefreiung besteht darin, dafs dem Bergwerk einerseits die „Steuer" entzogen wird. Das heifst, ein Zuschufs, der den Gewerken unter Umständen (bei schwierigen Gesteinsverhältnissen) gezahlt wurde. Andererseits wurde dafür den Gewerken auf einige Jahre das Recht gewährt, ihr Silber zu einem etwas höheren Preise, als es sonst üblich war, an die Münze zu verkaufen.

Auf den ersten Blick ist nicht deutlich zu erkennen, inwiefern diese Einrichtung eine Förderung des Bergbaues bewirken konnte oder wie der Landesherr davon Vorteile haben konnte, denn ob auch der Landesherr zunächst die „Steuer" ersparte, so mufste er diese Summe doch nachträglich in Gestalt eines erhöhten Silberpreises zahlen.

Thatsächlich erreichte man doch hierdurch eine Verbesserung der Verhältnisse. Denn die Erhöhung des Silberpreises für eine geringe Anzahl von Jahre (für 8 Jahre) bewirkte, dafs die Gewerken mit aller Kraft den Bergbau beförderten, um in den privilegierten Jahren möglichst viel zu fördern und so von der Erhöhung des Silberpreises nach Möglichkeit Nutzen zu ziehen.

Der vermehrte Betrag aber war natürlich auch gleichbedeutend mit einer Vermehrung des Zehnten. So brachte die Bergbefreiung nicht

Auf die Dauer nützte jedoch diese Mafsregel nichts.

Der Kurfürst befahl daher seinem Kanzler, eine sorgfältige Untersuchung darüber anzustellen, welches die Gründe des Verfalles seien und welche Mittel man anwenden müsse, um eine Besserung der Verhältnisse zu erreichen. Der Kanzler forderte zunächst vom Münzmeister zu Freiberg ein Gutachten[1]. Späterhin wendete er sich an die Bergarbeiter[2], an die Zechenmeister[3], an die Erzkäufer[4], an die Amtleute zu Freiberg[5] und an die Vereinigung der Schmiede[6]. Alle diese sandten ausführliche Gutachten. In diesen Berichten werden nun alle denkbaren Vorkommnisse und Verhältnisse für die üble Lage des Bergbaus verantwortlich gemacht. So heifst es z. B. in dem Gutachten des Bergschreibers: der Bergmeister sei „gar eyn krangker, weycher man", der mehr Lohn erhalte, als er verdiene[7].

---

nur den Gewerken, sondern auch dem Landesherrn Nutzen. Bald aber werden Klagen laut. Es wäre besser gewesen, so heifst es in einer Eingabe der Freiberger Rats, wenn man die Bergwerke nicht befreit hätte (Freiberger Urkundenbuch, Bd. 2, Urkunde 1013). Denn infolge der Befreiung sei ein oberflächlicher Abbau in Aufnahme gekommen.

[1] Freiberger Urkundenbuch, Bd. 2, Urkunde No. 1000. In dem Gutachten des Münzmeisters heifst es:

Uns dunket mit dem allerersten, daz sulche ynnunge unde bunde der hawer, so sie sich zcusamphe vorbinden, daz eyner ane den andern ader ober den andern nicht erbeiten ader thun nach lassen wil, gar scheedelichen dem bergwercke geweest unde nach schedelichen sient.

[2] Urkunde No. 1001. In dem Gutachten der Häuer heifst es:

Hochgeborner forst u. s. w. Nochdem als ewer gnad begerd zcu wissen gebruch unde schaden der berckberge von uns armen knappen ewer underdenigen, ven mir doch gerne sehen zcu bedeihen ewers perckbercs unde nicht zcu vorderben, wen mir uns des gebrauchen unde neren müsen u. s. w.

Item der schaden der erste alzo won hütwerck begen das ist der, das ewer gnad nicht ein eigen herczkaufer hat u. s. w. Der Landesherre solle einen eigenen Erzkäufer anstellen, der das Erz zu einem genügend hohen Preise abkaufe.

Item der ander schade, gnedier liber her, das ist der, das man nicht hat genummen dy hundert gulden, dy Krahel und seyn bruder geboten hat . . . Mit diesem Gelde hätten Kohlen und Holz, über deren hohen Preis die Häuer klagen, gekauft werden können.

Das dritte Moment, das die Häuer als Ursache des Darniederliegens des Bergbaus hervorheben, bewegt sich in nicht so engen Grenzen: Item der dritte gebruch und schade das ist der, das dy reichen unde gebaldigen eynbooner ungeneyget seyn zcu ewer perckwerck zcu Freiberg, wen sy doch gebrauchen der grofse freiheit, dy ewer gnad auf ewer perckwerck hat gegeben unde slettes nichts eynpauen. Dieser Hinweis auf die geringe Beteiligung der Freiberger Bürger spielte späterhin bei Feststellung der Reformmafsregeln eine gewisse Rolle.

[3] Urkunde No. 1002.
[4] Urkunde No. 1004.
[5] Urkunde No. 1007.
[6] Urkunde No. 1011.
[7] Urkunde No. 1000.

Die Häuer beklagten sich u. a. darüber, daſs die Beteiligung von Kapital am Bergbau nachgelassen habe, „das dy reichen unde gebaldigen eynboner ungeneyget seyn czu ewer perckwerck czu Freiberg"[1].

Andere wiederum machen die Vereinigungen der Knappen verantwortlich, die viel heimliche Versammlungen hätten und daher das Bergwerk und die Arbeit vernachlässigten[2] u. s. w.

Kurz nachdem diese Gutachten mit ihren sich teils ergänzenden, teils einander widersprechenden Angaben eingetroffen waren, wurde eine Kommission aus landesherrlichen Räten und Bergverständigen niedergesetzt[3], und es begann nun eine Reform im kleinen.

Zunächst findet eine durchgreifende Veränderung in der Besetzung der Stellen statt[4]. Die Stellen der höheren Bergbeamten, des Bergmeisters, der Stollensteiger, Hüttenmeister, Erzkäufer, Hüttenvorsteher werden durch andere Personen besetzt. Weiterhin wird die Dauer der Schicht von 6 bis auf 8 Stunden erhöht. Drittens werden die Bürger von Freiberg aufgefordert, sich wieder mehr am Bergbau zu beteiligen, und es wird vorgeschlagen, allen denen, die dieser Aufforderung nicht nachkommen, eine Steuer aufzuerlegen, denn „darumbe haben die bürger in friheit alczit gesessn, also daz sie die bergwercke haben mussn bauen und in baue behalden unsern gnedigen Herren der stad und den landen czu gute"[5].

Im Anschlusse hieran erging ein Jahr später das erste landesherrliche Berggesetz (1466). Die Ordnung des Kurfürsten Ernst und des Herzog Albrecht für die Bergwerke auſserhalb der Pflege Freiberg, Meiſsen 14. April 1466.

Dieses Berggesetz verschärfte insbesondere die Kontrolle des Bergbaus durch Bergmeister, Bergschreiber und Zendener. Über den Arbeitsvertrag enthielt es jedoch keine Bestimmung. Man hielt eine Regelung des Arbeitsverhältnisses nicht für notwendig. Vielmehr sah man andere Momente, die in Wirklichkeit eine nur untergeordnete Rolle spielten, als die Ursachen der Schwierigkeiten an. In der Folgezeit jedoch zeigte sich bald deutlich, daſs man in erster Linie dem Arbeitsverhältnisse gröſsere Aufmerksamkeit zuwenden müsse. Die Vorgänge in den nächsten zehn Jahren sind gerade deshalb von besonderer Wichtigkeit, weil sie jene erste Regelung des Arbeitsvertrages herbeiführten, die für die gesamte Bergrechtsentwicklung bis auf die Gegenwart von Bedeutung geworden ist.

Die Vorgänge, die zur ersten Gedingeordnung führten, waren folgende:

---

[1] Urkunde No. 1001.
[2] Urkunde No. 1004.
[3] Urkunde No. 1009.
[4] Urkunde No. 1016.
[5] Urkunde No. 1017.

Im Jahre 1467 beschwerte sich die Knappschaft über die Ausdehnung der Arbeitszeit[1]. In den nächsten Jahren folgten weitere Klagen[2]. Schließlich stellten die Knappen eine Forderung um Lohnerhöhung und als zwei Monate später auf diese Forderung noch keine Antwort gegeben ist, legen sie die Arbeit nieder[3]. Der Herzog nahm sich jetzt der Forderung an und befahl, daß die Amtleute mit den Gewerken verhandeln möchten, „ob sie der Knappschaft wollten den Lohn bessern"[4].

Um die gleiche Zeit etwa wurden auf dem Schneeberge neue Erzlager entdeckt und die Arbeiter benutzten diese günstige Gelegenheit, um von neuem mit Forderungen zu kommen[5]. Im nächsten Jahre drohen dem Bergbau wieder Hindernisse und in einem gleichzeitigen Schreiben des Kurfürsten Ernst wird darauf hingewiesen, daß auch die Hüttenarbeiter die Arbeit niederlegen wollten und daß dieser Streik um so gefährlicher sei, „da man in der Stadt nicht andere ihresgleichen bekommen könne"[6].

---

[1] Darauf heißt es in Urkunde No. 1050, 11. Januar 1467: Uf das anbrengen der knapschafft umbe beswerunge der uberigen schicht, damit sie, als sie clagen, uber alt herkomen belestiget werden, ist bevolen, darumbe an den haubtmann u. s. w. erfarunge zu haben und unsern gnedigen herren verstehen zu lassen, darnach yre gnaden sich zu richten hedten yn furder antwort zu geben.

[2] Urkunde No. 1052: Die knapen von Friberg habin gebeten yn zcu gonnen in yrer frien zcit, so wie uß der grubin stigen mogen, eigen bergwercke erbeiten, biß daz yn wider geburt inzcufaren an yre erbeit. Item die knapen habin gebeten or lon zcu bessern, sie mogen nicht zukomen mit X gr. so sii die kost mußen kouffen nach der nuwen were.

[3] Urkunde No. 1053. Der Vogt Nickel Monhoupt und die anderen Amtleute der Bergwerke zu Freiberg berichten dem Herzog Wilhelm, daß die Knappschaft der Häuer erklärt habe, nicht mehr arbeiten zu können, da die kürzlich zu Leipzig auf ihr Gesuch um Erhöhung des Lohns in Aussicht gestellte Antwort des Landesherren nicht eingetroffen sei. „Als — legen iczunt die bergwerck alhie der hoyer halben gancz darnyder ungearbeit, dovon uwern gnaden nicht cleyner unrat entstet."

[4] Urkunde No. 1054. Herzog Wilhelm weist auf den vorigen Bericht hin die Amtleute zu Freiberg an, mit den Gewerken zu verhandeln, „ab sie der knapschafft wolten or lon beßern, daz sie yn dy zcwene gr. zulegeten, also daz es by den XII gr. blebe und nicht hocher getreben wurde".

[5] Urkunde No. 1056. In einem Protokolle vom 6. Juli 1470 heißt es: ... Item als die knappen und hawer haben clagende anbracht des lons halben zcu hoben, hat man yre clage gnuglichen an die gewercken gelangen lassen, unnd haben sich deß groß bewert bedankt unnd gebeten, das man es bie dem lassen wolde, als am jungsten gemacht und yn gebessert were, ader musten die bergwerk ligen lassen unnd trawten der nicht zcu enthalden. Darinne haben der fursten rete von beyden teylen vil handels unnd ratslages gehabet unnd haben das nicht wieter brengen mögen denne das sich die gewercken gewilliget haben mit den und anderen hawern die bergwerck zcu versorgen.

[6] Schreiben des Kurfürsten Ernst vom 15. Juni 1470, abgedruckt im Freiberger Urkundenbuch, Bd. 2, S. 201.

Die Position der Arbeiter ist offenbar infolge der günstigen wirtschaftlichen Lage und infolge eines unter den Gewerken selbst ausgebrochenen Streites günstiger geworden[1]. Diese Lage scheint in den nächsten Jahren in derselben Weise bestehen geblieben zu sein, und die Arbeiter haben sich offenbar die Situation zu Nutze gemacht.

Wenn man dies erwägt, und wenn man in Betracht zieht, daſs gleichzeitig infolge des umfangreicher werdenden Bergbaus die Zahl der Arbeiter zunahm, dann wird es begreiflich erscheinen, daſs sich der Landesherr und die Stadt Freiberg im Jahre 1478 entschlossen, „ein gemeyne satczung zu geben, was eynem iglichenn arbeiter nach seinem vordinst unnd arbeit zcu geben sey"[2]. Nun folgen umfangreiche Vorbereitungen, als deren Resultat am 17. November 1479 eine neue Bergordnung publiziert wird.

Es war eine Ordnung des Kurfürsten Ernst und des Herzogs Albrecht für den Schneeberg[3].

Diese Bergordnung unterscheidet sich von den vorhergehenden dadurch, daſs sie endlich in ausführlicher Weise den Arbeitsvertrag und insbesondere das Gedinge regelt.

Diese Bestimmungen gehen davon aus, daſs grundsätzlich der Steiger, d. h. der Betriebsführer, welcher die Interessen der Gewerkschaft vertritt, mit den Arbeitern das Gedinge zu vereinbaren habe. Für den Fall aber, daſs Steiger und Arbeiter sich nicht einigen können, wurde bestimmt, daſs der Bergmeister oder zwei Geschworene, d. h. Mitglieder des Berggerichts heranzuziehen seien, um den Umfang des Gedinges durch Marken (Stufen) zu bezeichnen, die Vertragsbedingungen festzusetzen und nach Fertigstellung der Arbeit zu prüfen, ob die vereinbarte Leistung vollendet sei.

Zur weiteren Kontrolle wurde angeordnet, daſs der Schichtmeister ein Kerbholz, das sogenannte „rabusch der gedinge" zu führen habe. Auf diesem Kerbholze hatte er durch Zeichen allwöchentlich die Zahl der Arbeiter und die Summe der gezahlten Gedingelöhne zu vermerken. Die Löhnung sollte an jedem Sonnabend stattfinden und zwar sollten die Gedinghäuer jedes Mal als Abschlagszahlung einen bestimmten Wochenlohn, den herkömmlichen Wochenlohn der Schichtarbeiter

---

[1] Urkunde No. 1068.
[2] Urkunde No. 1092. In einem Schreiben vom 16. Februar 1478 befehlen Kurfürst Ernst und Herzog Albrecht dem Bürgermeister und den Bergmeistern der Stadt Freiberg, da sie wegen der höheren Lohnforderungen der Arbeiter auf dem Schneeberg und in allen anderen Bergwerken mit den Bergverständigen des Landes eine gemeyne satzung, was eynem iglichenn arbeiter nach seinem vordienst unnd arbeit zcu geben sey, zu beraten gewillt seien, auf Dienstag nach Oculi in Dresden zu sein.
[3] Abgedruckt im Freiberger Urkundenbuch, Bd. 2, und bei Ermisch, Das Sächsische Bergrecht des Mittelalters.

empfangen. Erst nachdem das Gedinge völlig fertiggestellt und abgenommen war, wurde der Gedingüberschuſs, d. h. die Differenz zwischen den gezahlten Wochenlöhnen und der vereinbarten Gedingsumme ausgezahlt. Wie schon im alten Freiberger Recht für die Verleihung bestimmt war, wurde nunmehr auch für das Gedinge festgesetzt, daſs die mitwirkenden Beamten, Schichtmeister, Gutleute, Steiger in keiner Form am Gedinge beteiligt sein durften.

In diesen Bestimmungen der Schneeberger Bergordnung[1] erscheint als wesentlicher Teil das eventuelle Eingreifen von Geschworenen in den Arbeitsvertrag. Aus gleichzeitigen Urkunden geht hervor, daſs diese Einrichtung damals als etwas besonders Wichtiges empfunden wurde. Ja, es scheint fast, als habe man die sorgfältige Regelung des gewöhnlichen Gedinges (slechts geding) als etwas Ungewöhnliches, Neuartiges betrachtet. So heiſst es z. B. in einer Prozeſsschrift aus dem Jahre 1482, man habe die Regelung des Gedingabschlusses im Anschlusse an die Regelung des Lehnschaftsverhältnisses getroffen. Man müsse daher beim Gedingabschluſs den Bergmeister hinzuziehen, um den Stein zu behauen „und zu dem

---

[1] § 8. Item es sollen auch die geordneten schichtmeister kegen iren steigern rabusch haben unnd vorbrengen, wi vil hewer unnd arbeiter ein yeder die woche gehapt had. Unnd dieselbin hewer unnd arbeiter sullen alle sonnabent mitsampt dem steiger vor den schichtmeister komen, und yn sal in irer beider geinwertickeit gelonet werden. Darzcu sal der hutman ansagen, wie vil ym an eisen, unslet unnd andern nes bergs notturfft uff die woche gangen. Das alles sal der schichtmeister zcu gelde rechen und uff ir beider rabusch sneiden; so sal der schichtmeister sulch uſsgabe auch in sein register schreiben.

§ 9. Item dieselbigen rabusch sullen alle halbe jar von iglichem schichtmeistern vor die rechenhern, die zcu den zcweien merkten komen, gebracht und vorgelegt werden, domit sie nicht allein uſs den büchern ader registern rechnung thun, sundern das auch mit den rabuschen anzceigung moge gegebin werden.

§ 10. Item so ein schichtmeister vordingen wult und kondt des gedings mit sampt sinem hutman mit dem arbeiter nicht eins werden, so mag ein schichtmeister wol zwene der gesworn fordern in die grube ader zcech mitzcufarn und den stein zcu bestechen. Dovon sal der schichtmeister iglichem gesworn, so vil der in die grube faren, zcewene groschen gebin, doch also das die geswornen die stufen, so der schichtmeister vordingt had, es sey vil ader wenig lachtern, slahen sullen. Desglichen so ein arbeiter sin gedinge uffgefarn had, sal abermals der schichtmeister zcewene der gesworn lasen das gedinge abnemen und iglichem zcewene groschen gebin.

§ 12. Item es sal auch kein schichtmeister, huttman ader steiger bei sinen pflichten keinerley gemeinschafft haben an den gedingen.

§ 13. Item man sal keinen hewer, der gedinge had in eyner gruben, hinfur kein ubrig gelt uff die geding geben, sundern iglichem hewr alle wochen eins hewrs lon gebin, davon er sein enthaldung haben moge. So er aber sein gedinge uffgefarn had unnd das gedinge abgenommen wirdt, sal der schichtmeister derselben zcechen dem hewr einem ader mehr, so vil der am gedinge ist, an alle vorhinderung yn reichen unnd geben ir lon, was sie am gedinge erubrigt habin.

gedinge zu reden". „Sollt nw lehnschafft nicht mehr auffsehens haben damne eyn slechts geding, were seltczam[1]."

Der bei der Abfassung der Schneeberger Ordnung beteiligte Herzog Albrecht scheint auf die darin enthaltenen Bestimmungen über das Gedinge ganz besonderen Wert gelegt zu haben, denn in einer Instruktion an den Bergmeister von Freiberg befahl er, dafs für den Freiberger Bergbau das Gedinge in derselben Weise geregelt werden solle, wie es in der Ordnung für den Schneeberg angegeben war[2].

Und in einem gleichzeitigen Schreiben des Herzogs Albrecht an den Rat zu Freiberg teilt er mit, er habe eine Ordnung des Gedinges getroffen „damit sowohl den Gewerken, als auch den Arbeitern Recht geschehe". Der Rat von Freiberg solle nun die Gewerken auffordern, mehr als bisher im Gedinge arbeiten zu lassen, denn hierdurch allein könne erreicht werden, dafs auch ohne strenge Aufsicht fleifsig gearbeitet werde.

Es geht wie gesagt hieraus offenbar hervor, dafs der Landesherr gerade auf die Regelung des Gedinges einen ganz besonderen Wert legte. Dies Interesse der Landesherren für die Regelung des Arbeitsvertrages zeigte sich auch fernerhin in der Berggesetzgebung. So kam es, dafs jede der Bergordnungen, die in Sachsen im Laufe der nächsten dreifsig Jahre gegeben wurden, Ergänzungen der Gedingebestimmungen enthielt. Die wesentlichsten Neuerungen bestanden darin, dafs die Mitwirkung von Geschworenen beim Gedingeabschlufs obligatorisch wurde. Es durfte kein Gedinge in Arbeit genommen werden, wenn nicht die Geschworenen zuvor die Stufen geschlagen hatten, und es durfte kein Gedinge bezahlt werden, welches von den Geschworenen nicht zuvor geprüft war.

Ferner wurden Bestimmungen getroffen, um zu verhindern, dafs die im Gedinge beschäftigten Häuer in dem Bestreben, möglichst viel zu verdienen, die Qualität der Arbeit vernachlässigten.

Über die Form des Abschlusses, die Beendigung des Gedinges, den Kontraktbruch u. s. w. wurden nach und nach genaue Vorschriften gegeben. Jede der aufeinander folgenden Bergordnungen entnahm der vorhergehenden die Sätze, die sich in der Praxis bewährt hatten, und so kam es, dafs man in verhältnismäfsig kurzer Zeit eine detaillierte Regelung des Gedinges hatte, die alle vorkommenden Eventualitäten berücksichtigte.

---

[1] Urkunde No. 1108.
[2] „Habin wir unnserm bergmeister bey uch bevolen, das er bey den gedingen sein, die stufen slagen unnd er ader unnser steiger, wenne die gedinge uffgearbeitet werden, wider abmessen unnd darob sein sal, das den gewercken, auch den hewern unnd arbeitern recht geschee." Citiert in der Urkunde No. 1101.

Die Reihe dieser sächsischen Gesetze war folgende:
1479 jene Schneeberger Ordnung, von der bereits die Rede war,
1492 eine zweite Schneeberger Ordnung, die über die Art der Gedingefeststellung genauere Vorschriften gab,
1499 eine Bergordnung für den Schreckenberg, die die Form des Gedingeabschlusses genau regelte und Bestimmungen traf, um die Qualität der Arbeit zu schützen.
1500 wiederum eine Schneeberger Ordnung, die u. a. über die Abnahme des Gedinges Vorschriften brachte,
1509 schließlich die Ordnung von St. Annaberg, die die früheren Vorschriften zusammenfaßte und ergänzte.

Mit dieser Redaktion der Ordnung von St. Annaberg wurde jene feststehende, gewissermaßen abschließende Regelung des Gedinges erreicht, die für die folgenden drei Jahrhunderte in Deutschland maßgebend gewesen ist.

Die Sätze der St. Annaberger Ordnung kehren z. B. im 16. Jahrhundert wörtlich wieder in den Bergordnungen von Schwarzburg[1], von Brandenburg[2], in den Joachimsthalschen Bergordnungen[3], im Nassauischen[4], im Kur-Trierschen Bergrecht[5], in den Bergordnungen von Henneberg und von Homburg[7], in der Kur-Sächsischen Bergordnung[8] und in der Saalfeldischen[9].

Dieselben Bestimmungen kehren ferner wörtlich wieder im 17. Jahrhundert in Hessen-Kassel[10], in Eisleben-Mansfeld[11].

Im 18. Jahrhundert in Jülich-Berg[12].

Allerdings hat es auch vom 16. bis zum 19. Jahrhundert an Ergänzungen und Abänderungen der Gedingebestimmungen nicht gefehlt, aber die eigentliche juristische Ordnung des Gedinges war doch schon im Jahre 1509 in der Hauptsache vollendet.

So ist es gekommen, daß fast überall in Deutschland eine gleichartige Ordnung des Gedinges galt. Als Standard-Ordnung übernahm eine Berggesetzgebung sie von der andern.

---

[1] 1533, Wagner, Corp. jur. metall., S. 1391.
[2] 1539, Wagner, S. 422.
[3] 1541 und 1548, Wagner, S. 8.
[4] 1559, Wagner, S. 772, Brassert, S. 8.
[5] 1564, Brassert, S. 93.
[6] 1566, Brassert, S. 219.
[7] 1570, Wagner, S. 710, Brassert, S. 297.
[8] 1589, Brassert, S. 237.
[9] 1575, Wagner, S. 1352.
[10] 1616, Wagner, S. 628 u. 640.
[11] 1673, Brassert. S. 701.
[12] 1719, Wagner, S. 990, Brassert, S. 759.

Jedoch nicht wie etwas Veraltetes, nicht wie etwas Abgestorbenes, wurde diese Gedingeordnung durch die Jahrhunderte geschleppt, vielmehr legen die kleinen Abänderungen und Ergänzungen, welche die Gedingesätze bald hier, bald dort erfuhren, Zeugnis davon ab, dafs man die alten Sätze den neuen Verhältnissen anpafste und dafs die alte Ordnung für den Bergbau fortdauernd Bedeutung behielt.

Wie grofs diese Bedeutung war, zeigte sich jedoch erst deutlich, als durch die preufsische Bergwerksgesetzgebung von 1860 und 1865 die alten Ordnungen beseitigt waren. Die vom Ministerium der öffentlichen Arbeiten durchgeführte Untersuchung über die Arbeiter- und Betriebs-Verhältnisse in den Steinkohlenbezirken ergab nämlich als einen der Hauptmängel, dafs es an einer Regelung des Gedinges völlig fehle. „Im Gegensatz zu der früheren Gesetzgebung, welche den Bergbehörden eine wichtige Thätigkeit bei der Feststellung des bergmännischen Arbeitslohns einräumte, ist seit Erlafs des Gesetzes vom 21. Mai 1860 die Abschliefsung der Verträge zwischen dem Bergwerkseigentümer und den Bergleuten lediglich dem freien Übereinkommen überlassen. — — Obwohl das Gedinge beim Bergbau die hauptsächlichste Form der Arbeitsvergebung bildet, so enthalten die im Ruhrkohlengebiet erlassenen Arbeitsordnungen, soweit ihr Inhalt im Laufe der Untersuchung zur Vorlage gekommen ist, in Beziehung auf den Gedingebeschlufs nur äufserst dürftige Vorschriften[1]." Es fehlte an Klarheit darüber, wer zum Gedingeabschlufs mit den Arbeitern befugt sei, es war der gefährliche Brauch eingerissen, dafs der Gedingesatz erst dann vereinbart wurde, wenn die Arbeit bereits lange begonnen war u. a. m. Es ergab sich, dafs die mangelnde Regelung des Gedinges eine der Hauptursachen war, die zu dem grofsen Bergarbeiter-Ausstande des Jahres 1889 führte.

§ 12. Das Recht des Gedinges.

Der im letzten Kapitel gegebene Überblick über die Entwickelung der Gedingevorschriften zeigte, dafs die einzelnen Rechtssätze zu verschiedenen Zeiten und an verschiedenen Orten entstanden, dafs sie aber von fast der gesamten Berggesetzgebung aufgenommen wurden und dafs die Gedingebestimmungen so als zusammenhängendes Ganze allgemeines deutsches Recht wurden.

Dementsprechend soll im folgenden der Versuch gemacht werden, das Recht des Gedinges als ein einheitliches Ganzes darzustellen. Zugleich soll bei jedem einzelnen Rechtssatze

---

[1] Denkschrift über die Untersuchung der Arbeiter- und Betriebsverhältnisse in den Steinkohlenbezirken. Bearbeitet im Auftrage der Minister der öffentl. Arbeiten und des Inneren, Berlin 1890. S. 10.

festgestellt werden, zu welcher Zeit und an welchem Orte er entstanden ist; ferner: ob der Rechtssatz von der Gesetzgebung an anderen Bergorten aufgenommen wurde oder ob er isoliert blieb, vielleicht gar durch ein folgendes Gesetz wieder beseitigt wurde.

a) Die Voraussetzungen des Gedinges.

Nicht jede Arbeit kann Gegenstand eines Accordarbeitsvertrages sein. Vielmehr sind gewisse technische Voraussetzungen erforderlich. Weil nämlich beim Accordvertrage, beim Gedinge, die Lohnhöhe nach dem Resultate der Arbeit bemessen wird, so muſs dieses Resultat selbst zuvörderst meſsbar sein.

Abgesehen von dieser Beschränkung kann nach heute geltendem Rechte jede Arbeit Gegenstand eines Accordarbeitsvertrages sein. Anders nach den Bestimmungen der alten Bergordnungen.

Beim Gedinge, wo derjenige Arbeiter, der groſse Mengen förderte, eine hohe Bezahlung erhielt, war zu befürchten, daſs bei dem Bestreben, möglichst viel zu arbeiten, die Qualität der Arbeit vernachlässigt werden könnte. Die im Jahre 1499 erschienene Bergordnung für den Schreckenberg enthielt deshalb die Bestimmung, daſs „nicht auf Erz gedingt werden dürfe"[1]. Sobald reines Erz zu Tage trat, muſsten die beim Abbau beschäftigten Arbeiter im Zeitlohn beschäftigt werden, damit sie die kostbaren Metalle mit gebührender Vorsicht loslösten und förderten. Diese Bestimmung der Schreckenberger Ordnung ging in alle folgenden Bergordnungen über. Nur in Kur-Trier gestattete man, daſs auch Gedingarbeiter Erz schlügen, und suchte der Gefahr, daſs hierbei die Qualität vernachlässigt werden könne, dadurch zu entgehen, daſs man eine strenge Kontrolle einführte[2].

Seit der Ordnung von St. Annaberg (1509) ging man mit dem Schutze der Qualität der Arbeit noch weiter, indem man bestimmte, daſs auch in sogenannten fündigen Zechen die Gedingarbeit zu beschränken sei und nur mit specieller Erlaubnis des Bergmeisters ausgeübt werden dürfe. Sobald aus einer Zeche 10 Mark Silber oder dreiſsig Centner Blei oder zwanzig Centner Kupfer gewonnen waren, galt die Zeche als maſswürdig, als fündig[3], und es gehörte dann zu jedem Gedingabschluſs die specielle Erlaubnis des Bergmeisters. Auch diese Bestimmung fand fast überall in Deutschland Eingang. Im übrigen enthalten viele Bestimmungen, so schon

---

[1] Ermisch, No. 7, Art. 74.
[2] Wagner, S. 956 ff.
[3] Kur-Triersche Bergordnung, Art. 4, § 3.

die Schneeberger Ordnung von 1479[1], ferner die Ungarische Bergordnung von 1575 u. a. m. Vorschriften, um durch eine scharfe Kontrolle für eine gute Qualität der Arbeit zu sorgen. So wird in der Ungarischen B.-O. bestimmt, daſs die geförderten Gesteine sorgfältig zu sortieren seien[2], ferner in einer Magdeburgischen B.-O., daſs die Arbeit höher bezahlt werde, wenn sich bei der Abnahme des Gedinges zeige, daſs die Arbeit sorgfältig ausgeführt worden sei[3] u. s. w.

Eine weitere Vorschrift, die ebenfalls zum Schutze der Qualität der Arbeit diente, und die in Deutschland allgemein Aufnahme gefunden hat, stammte aus Österreich. Die Bergordnung für die Bergwerke in Österreich vom Jahre 1517 enthielt nämlich die Bestimmung, daſs nur die Häuer, die zu arbeiten verständen, im Gedinge beschäftigt werden dürfen[4], und die Kur-Triersche Bergordnung von 1564 erweiterte diese Bestimmung dahin: „Es soll keinen arbeytern Lehenschafft noch geding zugelassen werden, die nicht mit eygner Handt können arbeyten, und allein bey dem Sauffen und Spielen sitzen, sonder denen, die mit eygner Handt arbeyten, unnd der arbeyt fleiſsig obligen, unns auss dem gehawen Ertz nach Gelegenheyt gut scheidtwerk machen, das gut Ertz zusammen, und das mittelmäſsig jedes zu seiner gadung besonder halten, denen unnd jres gleichen soll man Lehenschafft unnd Geding lassen, unnd anderen nicht[5]." Diese Bestimmung ging nicht nur in die übrigen deutschen Bergrechte über, sondern fand auch in Ungarn Aufnahme[6]. Es entsteht infolgedessen seit der Kur-Trierschen Bergordnung eine Trennung der Häuer in solche, welche zum Geding zugelassen werden, die den Namen Erbhäuer führen und solche, welche nur in der Schicht, das heiſst im Zeitlohn arbeiten dürfen.

Abgesehen von diesen Einschränkungen der Gedingarbeit war man stets darauf bedacht, möglichst viel in Accord ausführen zu lassen. Eine Bestimmung der Bergordnung von St. Annaberg, daſs in unfündigen Zechen, wenn irgend möglich, im Gedinge zu arbeiten sei, wurde von allen folgenden Bergordnungen wiederholt.

b) Der Abschluſs des Gedinges.

Es wurde bereits bemerkt, daſs die Schneeberger Bergordnung von 1479 die Vorschrift enthielt, es sollten beim Abschluſs des Gedinges zwei Geschworene hinzugezogen werden,

---

[1] Ermisch, No. 4.
[2] Wagner, S. 200.
[3] Bergordnung für Herzogtum Magdeburg, 1694, Wagner, S. 1152.
[4] Wagner, S. 53, 67.
[5] Kur-Triersche Bergordnung, XV, Art. 4.
[6] Ungarische Bergordnung von 1575, Wagner, S. 200.

sofern sich der Steiger und der Arbeiter nicht einigen konnten, und es wurde ferner bemerkt, dafs die Schneeberger Bergordnung von 1500 diese Vorschrift obligatorisch machte.

Seitdem galt in Deutschland fast überall diese Bestimmung. An einzelnen Orten, so z. B. in Nassau, wo die Gewerken noch längere Zeit selbst thätig am Bergbau teilnahmen, findet sich die Vorschrift, dafs die Geschwornen zum Gedingeabschlufs zwei Gewerken hinzuzuziehen hätten[1], eine Bestimmung, die jedoch ganz vereinzelt geblieben ist.

Beim Abschlufs des Gedinges galt es nun zunächst, das Gestein zu prüfen, denn es liegt auf der Hand, dafs bei schwierigen Gesteinsverhältnissen der Gedingelohn höher bemessen werden mufste, als bei der Arbeit in weichem „schnittigem" Gestein. Schon die Schneeberger Ordnung von 1492 enthielt deshalb die Vorschrift „die Geschworenen sollten zuvor feststellen, wie hoch das vorige Gedinge (das unter ähnlichen Gesteinsverhältnissen ausgeführt worden war) gewesen sei, wie hoch der Gedingüberschufs war und ob sich der Stein im vorliegenden Falle ähnlich verhalte, wie beim vorigen Gedinge"[2].

Nachdem die Geschwornen so das Gestein geprüft hatten, hatten sie die Stufen zu schlagen, d. h. sie hatten durch Marken im Gestein zu bezeichnen, wie grofs das Gebiet sein sollte, welches der Gedingarbeiter oder auch mehrere Gedingarbeiter miteinander abzubauen hätten. Für dieses Gebiet wurde jedoch keine Pauschalsumme festgesetzt, sondern es wurde, ähnlich wie bei der emtio ad mensuram des römischen Rechts, bestimmt, dafs der Lohn nach Mafseinheiten bemessen werden sollte.

Als Mafsstab erscheint anfangs der Lachter, also ein Längenmafs. Später (zuerst im Brandenburgischen Recht[3]) der „Kübel", ein Raummafs.

Der Unterschied zwischen beiden Arten der Vermessung war folgender: Bei der Bemessung nach Lachter wurde am Arbeitsorte selbst festgestellt, wie lang, breit und tief, also wieviel Lachter im Quadrat das abgebaute Gebiet war. Bei dieser Bemessung scheinen nun manche Betrügereien vorgekommen zu sein. So geht aus der Schlesischen Bergordnung von 1622 hervor, dafs die Geschwornen sich damit begnügten, die Länge und Breite des abgebauten Gebietes festzustellen, ohne Rücksicht darauf, wieviel Lachter die Tiefe betrug. Offenbar eine ganz oberflächliche Berechnung, die der Willkür Thür und Thor öffnete. Ferner wird darüber geklagt, es sei mit den Lachtern betrüglicherweise umgegangen worden, „wie

---

[1] Nassau-Katzenellenbogsche Bergordnung von 1559, Brassert, S. 13.
[2] Ermisch, No. 6.
[3] Brandenburgische Bergordnung von 1539, Wagner, S. 422.

man denn befunden, dafs solche abgeschnitten und zu kurz worden sind, dadurch den Herren Gewerken grofser Abbruch geschieht; es sollen deshalb alle Steiger auf allen Zechen beschlagene Lachter haben (geaichte Lachter), welche sie im Bergamt nach dem rechten, gebräuchlichen Lachter messen und nehmen sollen, und welcher Geschworner mit einem unbeschlagenen Lachter verdinget oder aber ein Geding abnehmen wird, soll der Geschworne sowol, wie der Steiger, ein jeder vier Gulden zur Strafe unnachlässig verfallen sein" [1].

Fand dagegen die Bemessung nach Kübeln statt, so wurde die Zahl der herausbeförderten Kübel zur Grundlage der Gedingeberechnung gemacht. Hierbei war die Kontrolle leichter als bei der Lachtervermessung, weil die geförderten Kübel am Grubenausgang registriert wurden. Jedoch schien damit zugleich die Gefahr verbunden zu sein, dafs die Geschwornen es bei der einfachen Registrierung der Kübel bewenden liefsen, und dafs sich deshalb garnicht an den Arbeitsort selbst begaben, um das Gestein zu besichtigen und die Ausführung zu kontrollieren. Die Nassau-Katzenellenbogen'sche Bergordnung von 1559 bestimmte deshalb ausdrücklich, die Geschworenen sollten das Gedinge „nicht in den Hallen machen, sondern in den Gruben, die Örter darauf man dingen will, zuvor besichtigen" [2]. Eine Bestimmung, die fast in allen folgenden Bergordnungen wiederkehrt [3].

Über den Umfang der zu verdingenden Arbeit enthielten die Bergordnungen keine Bestimmung, vielmehr war die Entscheidung hierüber den Geschwornen überlassen. Nur die Kur-Sächsische Stollenordnung von 1749 bemerkt: es solle darauf geachtet werden, dafs die Gedinge in vier Wochen fertig gestellt werden könnten. Gröfsere Gedinge seien nicht zu vergeben, „wegen des Wechsels des Gesteins" [4].

Über die Lohnhöhe bei der Gedingarbeit enthalten die Bergordnungen keine Mitteilungen. Mit Rücksicht auf die Verschiedenheit des Gesteins wird nicht der Versuch gemacht, irgend welche Accordtarife aufzustellen. Vielmehr wird nur ganz allgemein bemerkt, die Geschwornen sollten den Lohn so festsetzen, „dafs die Häuer zukommen könnten und die Gewerken nicht übersetzt würden".

Nur die Cleve-Märkische Bergordnung von 1737 [5] und im Anschlusse daran die Magdeburgische Ordnung von 1772 [6] enthalten Bestimmungen über die Lohnhöhe. So heifst es

---

[1] Schlesische Bergordnung von 1622, Wagner, S. 1323.
[2] Brassert, S. 13.
[3] Z. B. Hennebergsche Bergordnung, Art. 34, Joachimsthalsche, Art. 35, Homburgsche, Art. 26, Cleve-Berg, Art. 28, Jülich-Berg, Art. 29.
[4] Kursächsische Stollenordnung von 1746, Brassert, S. 458.
[5] Wagner, S. 1254.
[6] Wagner, S. 1239.

in der Cleve-Märkischen Bergordnung: Die Geschwornen sollten dafür sorgen, dafs die Arbeiter beim Gedinge in 8 Stunden 10 bis 12 Stüber verdienten, nicht aber wie bisher 12 bis 15 Stüber. Dieselbe Vorschrift kehrt in der Magdeburgischen Bergordnung (nur mit anderen Zahlen) wieder. Zugleich wird dort bemerkt, dafs eine Regulierung der Gedingelöhne erreicht werden könne, wenn dafür gesorgt werde, dafs für dieselbe Arbeit in verschiedenen Zechen gleiche Löhne bezahlt würden.

An speciellen Bemerkungen über die Lohnhöhe ist noch eine Vorschrift der Schneeberger Ordnung von 1492 zu erwähnen; gefährliche Arbeiten sollten höher bezahlt werden als andere, gewöhnliche Arbeiten [1].

Über die Form des Gedingeabschlusses wurde bereits bemerkt, dafs die Schneeberger Bergordnung von 1479 den Steigern vorschrieb, sie sollten einen Rabusch, ein Kerbholz führen, um darauf die Zahl der Arbeiter und die Summe der Löhne zu verzeichnen. Dieses „rabusch der gedinge" kehrt auch in der Bergordnung von 1492 wieder, und im Jahre 1499 wird bestimmt, die Schichtmeister sollten schriftlich aufzeichnen, an welcher Stelle die Arbeiten ausgeführt worden seien und welches der Umfang der Arbeiten sei. Eventuell sollten die Schichtmeister einen Schreiber hierzu heranziehen, den sie aber selbst bezahlen müfsten.

Genaueres über diese schriftliche Fixierung des Gedinges enthalten die älteren Bergordnungen nicht. Es ist nirgends davon die Rede, dafs der Bergschreiber über Arbeitslöhne oder über das Gedinge Buch zu führen habe. Vielmehr bezog sich seine Thätigkeit lediglich auf das Verhältnis zwischen der Bergbehörde und den Gewerken. Er hatte Buch zu führen über die Mutungen, über die Kuxe, die Retardate, über den Zehnten u. s. w.

Erst im 17. Jahrhundert findet sich in der Bergordnung für das Herzogtum Magdeburg die Vorschrift, dafs über das Gedinge ein schriftlicher Kontrakt aufzusetzen sei und dafs vom Bergschreiber genaue Notizen hierüber in das Bergbuch aufgenommen werden sollten [2]. Diese Vorschrift eines schriftlichen Kontraktes steht jedoch ziemlich vereinzelt da. Nur in der Kur-Sächsischen Stollenordnung von 1749 finden sich ähnliche Sätze.

Alles in allem kann man daher von einer schriftlichen Fixierung des Gedinges kaum reden. Das eigentliche Mittel, um über den Umfang des Gedinges Sicherheit zu haben, bestand nicht in einer schriftlichen Aufzeichnung, sondern vielmehr in der sorgfältigen Markierung des ver-

---

[1] Ermisch, No. 6.
[2] Wagner, S. 1152.

dingten Gebietes, im sogenannten Stufenschlagen, durch die Geschwornen.

Als Entgelt für die Mitwirkung beim Abschluſs des Gedinges und bei der Abnahme desselben erhielten die Geschworenen das „Stufengeld". Jede Bergordnung enthält über die Höhe dieses Stufengeldes genaue Bestimmungen. Eine Beziehung zwischen der Höhe der Gedingesumme und der Höhe des Stufengeldes besteht in der ersten Zeit nirgends. Gleichviel, ob das abgeschlossene Gedinge groſs oder klein ist, wird stets derselbe Betrag an Stufengeld entrichtet. Erst im 18. Jahrhundert findet sich in der Sporteltaxe, welche der Kleve-Bergschen Bergordnung beigefügt ist, die neue Einrichtung, daſs sich die Höhe des Stufengeldes nach der Höhe der Gedingesumme richtet. Der Geschworene soll von jedem Thaler einen Stüber erhalten[1]. Diese Bestimmung ging auch in die Magdeburgische Bergordnung von 1772 und in die Schlesische Bergordnung über.

c) Die Rechte und Pflichten der Parteien.

Es ist Zweck der Accordabrede, eine Steigerung der Arbeitsleistung herbeizuführen.

Diese Steigerung jedoch wird nicht etwa durch eine Obligation erreicht, nicht dadurch, daſs sich der Arbeiter zu einer besonders schnellen Leistung verpflichtete. Die Steigerung der Arbeitsleistung wird vielmehr indirekt durch einen wirtschaftlichen Druck erreicht, nicht durch juristische Vorschriften.

Hieraus erklärt es sich, daſs in den Bergordnungen nur wenige Bestimmungen darüber enthalten sind, wie die Gedingearbeit zu leisten sei. Das Interesse des Arbeiters läuft ja beim Gedinge dem Interesse des Unternehmers gewissermaſsen parallel, denn beide haben ein Interesse an einer groſsen Arbeitsleistung, der eine, um einen Gedingegewinn zu erzielen, der andere, um eine möglichst groſse Ausbeute zu erreichen.

Die Bestimmungen der Bergordnungen setzen daher erst da ein, wo die Interessen der Kontrahenten auseinander laufen.

Dieser Gegensatz der Interessen zeigt sich in zwei Punkten, von denen der eine bereits erörtert worden ist.

Erstens nämlich vernachlässigt der Gedingarbeiter leicht die Qualität der Arbeit. Diesem Umstande verdanken die Bestimmungen über die Arbeit in fündigen Zechen und auf Erz, ferner die Kontrollvorschriften ihren Ursprung.

Zweitens aber gehen die Interessen auch insofern auseinander, als der Gedingarbeiter unter Umständen es für

---

[1] Wagner, S. 1239.

zweckmäfsig halten kann, die ihm übertragene Arbeit durch billigere Arbeitskräfte ausführen zu lassen (wobei er die Differenz als Gewinn einstreicht) oder aber sich Gehilfen zu nehmen.

Zu der ersteren Frage, ob nämlich ein Arbeiter das Gedinge wiederum weiter verdingen dürfe, bemerkt die Ungarische Bergordnung von 1575, dafs dies nur mit besonderer Genehmigung des Werkmeisters möglich sei[1]. In den übrigen Bergordnungen heifst es dagegen durchweg, dafs der Gedingarbeiter die ihm übertragene Arbeit unbedingt selbst ausführen müsse[2].

Dagegen wird dem Gedingarbeiter gestattet, sich Gehilfen zu nehmen, die er selbst bezahlt, wobei ausdrücklich betont wird, dafs diese Arbeiter im Dienste der Gedingarbeiter stehen und daher gegenüber den Gewerken keinerlei Forderungen haben. Jedoch der Fall, dafs Gedingarbeiter sich Gehilfen nahmen, scheint nur in Österreich vorgekommen zu sein (Bergordnung von 1517). In den übrigen Bergordnungen ist von einer so weitgehenden Selbständigkeit der Gedingarbeiter nicht die Rede.

In betreff der Bezahlung der Arbeiter war schon in der Schneeberger Bergordnung von 1479 bestimmt, dafs die Gedingarbeiter am Ende jeder Woche den üblichen Wochenlohn als Abschlagszahlung empfangen sollten. Erst wenn das gesamte Gedinge fertiggestellt war, erhielt der Arbeiter den Gedingeüberschufs, d. h. die Differenz zwischen den gezahlten Wochenlöhnen und der vereinbarten Gedingesumme[3].

In bezug auf diese Lohnzahlung enthalten die Bergordnungen eine wichtige Bestimmung, die das Gedinge der damaligen Zeit von dem heute üblichen Gedingevertrage unterscheidet.

Die Parteien hatten nämlich das Recht, das Gedinge „auf Gewinn und Verlust" zu schliefsen oder aber einen sogenannten einfachen Gedingevertrag zu vereinbaren.

Beim Gedinge „auf Gewinn und Verlust" blieb der einmal vereinbarte Lohn unverändert bestehen, selbst wenn sich im Laufe der Arbeit zeigte, dafs die Gesteinsverhältnisse ganz andere seien, als man beim Gedingeabschlufs vermutet hatte.

---

[1] Wagner, S. 200.
[2] So zuerst Österreichische Bergordnung von 1517, Wagner, S. 53.
[3] In der Schneeberger Ordnung heifst es: „Item man sal keinen hewer, der gedinge had in eyner gruben, hinfur kein ubrig gelt uff die geding geben, sundern iglichem hewr alle wochen eins hewrs lon gebin, davon er sein enthaldung haben moge. So er aber sein gedinge uffgefarn had unnd das gedinge abgenommen wirdt, sal der schichtmeister derselben zeechen dem hewr einem ader mehr, so vil der am gedinge ist, an alle vorhinderung yn reichen unnd geben ir lon, was sie am gedinge erubrigt habin."

Beim gewöhnlichen Gedinge dagegen wurde bei einer unvermuteten Veränderung der Gesteinsverhältnisse auch die Höhe der Gedingesumme entsprechend verändert.

Beide Arten des Gedinges erscheinen in den Bergordnungen nebeneinander. Bald wird die eine Form vom Gesetzgeber begünstigt, bald wieder die andere. So enthält die Schneeberger Ordnung von 1492, ferner auch die Bergordnung von 1500 die Bestimmung, dafs die Gedinge zu Gewinn und Verlust aufgefahren werden sollten. Auch in der Österreichischen Bergordnung von 1517 heifst es: „Geding und Lehnschaft, ob gut oder bös', müssen eingehalten werden." Jedoch die Bemerkung wird hinzugefügt: „es sei denn, dafs die Gewerken den Arbeiter ledig sprechen"[1]. Ähnlich die Kur-Triersche Bergordnung von 1564[2] und die Ungarische Bergordnung von 1575[3].

War das Gedinge nicht zu Gewinn und Verlust abgeschlossen, so hatten die Geschworenen das Recht, die Gedingesumme bei einer Verschlechterung der Gesteinsverhältnisse zu erhöhen. Die erste Anordnung hierüber enthält die Bergordnung für den Schreckenberg vom Jahre 1499: „Wu aber das gesteine so gar vehste wurde und doch getrewlicher vleys beym arbeyter gespurt, sall es bey irkentnis der gesworen stheen[4]."

In der St. Annaberger Ordnung von 1509 erhielt diese Bestimmung die Form, die sich in allen späteren Bergordnungen wiederfindet und die auch fast wörtlich in der revidierten Kleve-Märkischen Bergordnung von 1766[5] und in der revidierten Schlesischen Bergordnung von 1769[6] wiederkehrt.

Die Kur-Triersche Bergordnung fügt zu dieser Bestimmung die Vorschrift hinzu, dafs der Gedingarbeiter, welcher eine Erhöhung der Löhne wünsche, von der Verschlechterung der Gesteinsverhältnisse sofort Anzeige zu machen habe[7].

Der Erhöhung des Gedinges bei Verschlechterung der Steinverhältnisse müfste logisch eine entsprechende Verminderung bei Verbesserung der Verhältnisse gegenüberstehen. Jedoch nur wenige Bergordnungen erwähnen eine solche Verringerung des Gedinges[8]. Vielleicht sah man eine solche Bestimmung als überflüssig an, da sie sich aus der Vorschrift, die unter Umständen eine Erhöhung gestattete, als logische Konsequenz

---

[1] Wagner, S. 53.
[2] Brassert, S. 93 ff.
[3] Wagner, S. 200.
[4] Ermisch, S. 126.
[5] Brassert, S. 815 ff.
[6] Derselbe, S. 953 ff.
[7] Bei Brassert a. a. O.
[8] Kur-Triersche Bergordnung von 1564, Kur-Sächsische Bergordnung von 1589, Kur-Kölnische Bergordnung von 1669.

ergiebt. Vielleicht aber auch hielt man die Bestimmung für unpraktisch, weil daraus leicht Zwistigkeiten entstehen konnten.

d) Die Beendigung des Gedinges.

Das Gedinge endete entweder durch Abnahme der Arbeit nach Fertigstellung derselben oder aber vor Fertigstellung der Arbeit nach erfolgter Kündigung.

Die Abnahme der Arbeiten fand seitens der Geschworenen statt[1], und zwar sollten dieselben Geschworenen, die beim Gedingeabschlufs zugegen gewesen waren, auch die Abnahme vornehmen[2].

Hierfür war unbedingt erforderlich, dafs die Stufen, mit welchen die Geschworenen vor Beginn der Arbeit den Umfang des verdingten Gebietes bezeichnet hatten, stehen blieben. In den meisten Bergordnungen war daher eine sorgfältige Schonung der Stufen vorgeschrieben[3].

Eine Bergordnung, die im Jahre 1669 für das Herzogtum Magdeburg erlassen wurde, erwähnt, dafs seitens der Häuer die Stufen zuweilen betrügerischerweise verändert wurden und bedroht solchen Betrug mit hoher Strafe[4].

Alle diese Bemerkungen und Vorschriften der Bergordnungen, die sich auf das Stufenschlagen und die Bewahrung der Stufen beziehen, sind ein deutliches Zeichen dafür, dafs man grofsen Wert darauf legte, den Umfang der verdingten Arbeit auf das genaueste festzustellen und festzuhalten.

Der Stufenschläger, der, wie wir sahen, schon im 13. Jahrhundert beim Kostvertrage eine so wichtige Rolle spielte, bietet auch für das Gedinge die beste Gewähr dafür, dafs willkürliche Handlungen und Betrügereien nach Möglichkeit verhindert werden.

Diese Sicherheit wird durch eine weitere Bestimmung vermehrt, die ebenfalls aus den ältesten Bergordnungen stammt. Die Bestimmung nämlich, dafs die beim Gedinge thätigen Beamten, die Schichtmeister, Steiger, Geschworenen unter keinen

---

[1] Es ist bereits erwähnt, dafs sich diese Bestimmung zuerst in den Bergordnungen von 1479 findet und dafs sie von allen folgenden Bergordnungen, die sich mit der Gedingeregelung befassen, aufgenommen worden ist.

[2] Diese Bestimmung findet sich zum erstenmale in der Bergordnung von 1492 und ist ebenfalls allgemeines deutsches Bergrecht geworden.

[3] Zuerst in der Bergordnung von 1500, die für den Schneeberg erlassen wurde. Die Kur-Triersche Bergordnung von 1564 sucht zur Sicherung der Stufen das „Notieren der Stufen" einzuführen. Es ist das offenbar so zu verstehen, dafs über die Lage der Stufen im Bergwerk und die Entfernung der Stufen voneinander schriftliche Aufzeichnungen gemacht werden sollten. Ob sich diese sicher komplizierte Methode bewährt hat, mufs schon deshalb zweifelhaft erscheinen, weil das Notieren der Stufen in keiner anderen Bergordnung erwähnt wird.

[4] Wagner, S. 1152.

Umständen und in keiner Form am Gedinge beteiligt sein dürfen[1].

Die Joachimsthaler Bergordnung von 1541 führte die Bestimmung ein, dafs das Gedinge auch vor der Fertigstellung beendet werden könnte durch „gebührliche Abkehr". Es ist das die Einführung der Kündigung in den Gedingevertrag, die dem Arbeiter ermöglicht, vor Fertigstellung der Arbeit das Arbeitsverhältnis zu lösen. In diesem Falle wurde das Gedinge durch einen anderen Arbeiter fertiggestellt und der Gedingeüberschufs zwischen beiden verhältnismäfsig geteilt[2].

Im Anschlusse hieran regelt die Joachimsthaler Bergordnung die Rechtsfolgen des Kontraktbruches und geht hierbei auf die Schreckenberger Ordnung von 1499 und die St. Annaberger Ordnung von 1509 zurück.

Der Kontraktbruch hat zur Folge, dafs der Arbeiter den restierenden Lohn verliert und dafs er „ohne defs Willen, von defs Gedinge oder Arbeit er entwichen oder aufsenblieben ist, auf keiner Zechen, noch anderer Arbeit gefördert, und darzu von Unsern Bergamtleuten mit Recht gestraft werden"[3].

Abweichend hiervon bestimmt die Ungarische Bergordnung von 1575, dafs der kontraktbrüchige Arbeiter durch Strafen anzuhalten sei, die verlassene Arbeit fortzusetzen und fertigzustellen[4].

---

[1] Zuerst in der Bergordnung von 1479, übereinstimmend damit das gesamte Bergrecht, St. Annaberg 1509, Schlesische Bergordnung 1528, Schwarzburgische Bergordnung 1532, Brandenburgische Bergordnung 1539, Joachimsthalsche Bergordnung 1541 und 1548, Nassau-Katzenellenbogensche Bergordnung 1551, Nassauische Bergordnung 1559, Kur-Triersche Bergordnung 1564, Hennebergsche Bergordnung 1566, Homburgische Bergordnung 1576, Saalfeldische Bergordnung 1575, Kur-Sächsische Bergordnung 1589, Hessen-Kasselsche Bergordnung 1616, Brandenburgische Bergordnung 1619, Mansfeldische Bergordnung 1673, u. a. m.

[2] Joachimsthaler Bergordnung bei Brassert, zusammen mit der Homburgischen Bergordnung.

[3] Brassert, S. 250.

[4] Wagner, S. 200.

Schluſs.

Zum Schlusse sei ein kurzer Überblick über diejenigen Bergordnungen gegeben, welche Bestimmungen über das Gedinge enthalten[1]. Die Angaben sind in Tabellenform gehalten und ermöglichen daher eine schnelle Orientierung, zu welcher Zeit und an welchem Orte die einzelnen Gedingebestimmungen entstanden sind.

Die Tabelle wird eine Anschauung davon geben, in wie hohem Grade die ältesten Gedingeregeln, deren Entstehung im Vorhergehenden geschildert worden ist, die gesamte weitere Entwicklung beeinfluſst haben.

Jahreszahl und Name der Bergordnung	Neue Gedingebestimmungen	Bestimmungen aus älteren Bergordnungen
1479. Schneeberg. (Ermisch, S. 89.)	1. Geschworene sollen Gedinge abschlieſsen, wenn sich Steiger und Arbeiter nicht einigen können. 2. Abnahme durch Geschworene. 3. Stufenschlagen. 4. Schichtmeister, Hutmann und Steiger dürfen am Gedinge nicht beteiligt sein. 5. Wöchentliche Abschlagszahlungen.	
1492. Schneeberg. (Ermisch, S. 102.)	1. Abschluſs durch Geschworene wird obligatorisch. 2. Gedingelohn auf Rabusch verzeichnen. (Kerbholz.) 3. Vorschriften über Prüfung des Gesteins, damit das Gedinge möglichst genau geregelt wird. 4. Gedinge zu „Gewinn und Verlust". 5. Gefährliche Arbeit höher bezahlt.	Ferner aus Schneeberg 1479. No. 2, 3, 4, 5.

[1] In folgenden Bergrechten sind keine Bestimmungen über das Gedinge enthalten:
    1. im Tyrolischen Bergrecht,
    2. in den Salzburgischen Berggesetzen,
    3. in den Harzischen,
    4. in den Kurpfälzischen,
    5. in den Badenschen Ordnungen.

Jahreszahl und Name der Bergordnung	Neue Gedingebestimmungen	Bestimmungen aus älteren Bergordnungen
1497. Schneeberg. (cf. Ermisch, S. 102.)	1. Beim Gedinge ist die Qualität der Arbeit besonders zu prüfen.	Im übrigen fast wörtlich wie Schneeberg 1492.
1499. Schreckenberg. (Ermisch, S. 112.)	1. Bei der Löhnung soll der Umfang der Arbeit notiert werden. 2. Dieselben Geschworenen, die das Gedinge abschliefsen, sollen es auch abnehmen. 3. Wenn Gesteinsverhältnisse ungünstiger, als man angenommen hatte, so soll Erhöhung des Gedingelohnes eintreten. 4. Schichtmeister und Steiger sollen nicht Vettern oder Brüder sein. 5. Bestimmungen über Kontraktbruch. 6. Bei der Abrechnung hat der Steiger den Gewerken das „Rabusch der Gedinge" vorzulegen. 7. Es soll nicht auf Erz gedingt werden.	Ferner wie Schneeberg 1479, No. 3, 4, 5. Und wie Schneeberg 1492, No. 1, 3.
1500. Schneeberg. (Ermisch, S. 145.)	1. Es sollen zum wenigsten zwei Geschworene das Gedinge abschliefsen. 2. Die Stufen sollen bis zur Abrechnung stehen bleiben, damit danach gerechnet werden könne.	Ferner wie Schneeberg 1492.
1509. St. Annaberg. (Ermisch, S. 163.)	Die erste im Druck erschienene Bergordnung. 1. Nicht ohne Bergmeisters Erlaubnis in fündigen Zechen zu dingen. 2. In unfündigen Zechen womöglich Gedinge.	Im übrigen beruht die Ordnung völlig auf der Schreckenberger von 1499 und der Schneeberger v. 1500. Sie bringt lediglich eine neue Redaktion, und zwar die Redaktion, welche in den folgenden Jahrhunderten mafsgebend geblieben ist.
1517. Österreichische B.-O. (Wagner, S. 53.)	1. Nur wer selbst mit der Hand arbeitet, darf ein Gedinge übernehmen. 2. Niemand darf gleichzeitig mehr als ein Gedinge übernehmen. 3. Die Gedingehäuer sollen die Zeiteinteilung der Schichtarbeiter einhalten. 4. Wenn die Gedingearbeiter sich Gehilfen nehmen, so sind die Gewerken dadurch nicht verpflichtet. 5. Wer Gedinge annimmt „ob gut oder bös", mufs es halten. 6. Gedingeabschlufs und Stufenschlagen durch den Bergrichter oder Geschworene.	

Jahreszahl und Name der Bergordnung	Neue Gedingebestimmungen	Bestimmungen aus älteren Bergordnungen
1528. Schlesien. (Wagner S. 1290.)	1. Der Schichtmeister soll Register über die Gedinge führen.	Im übrigen wie St. Annaberg 1509.
1533. Schwarzburg. (Wagner S. 1391.)		Wörtlich wie: St. Annaberg 1509.
1539. Markgräflich Brandenburgische B.-O. (Wagner, S. 422.)	1. Das Gedinge soll nach Kübeln oder Fudern berechnet werden. Diese Berechnung soll jedoch nicht für die Feststellung des „Zehnten" gelten, vielmehr ist der Zehnt nach dem Gewicht der Erze zu berechnen.	Im übrigen wie: St. Annaberg 1509.
1541. Joachimsthal. (Wagner, S. 8.)	1. Führt die Kündigung beim Gedinge ein. 2. Beim Vertragsbruch der Begriff des „Verschuldens" eingeführt.	Sonst wörtlich wie St. Annaberg 1509.
1548. Joachimsthal. (Brassert, S. 219.)	1. Enthält Angaben über die Gedingeberechnung für den Fall der Kündigung.	Sonst wörtlich wie St. Annaberg 1509.
1559. Nassau-Katzenellenbogische. (Brassert, S. 1.)	1. Die Geschworenen sollen das Gedinge nicht in den Hallen machen, sondern an den Örtern. 2. Die Geschworenen haben zwei Gewerken hinzuziehen.	Weiteres wörtlich wie St. Annaberg 1509 u. Joachimsthal 1548.
1564. Kur-Triersche. (Brassert, S. 93.)	1. Im Gedinge dürfen nur besonders qualifizierte Arbeiter beschäftigt werden. 2. Wenn Gesteinsverhältnisse besser sind, als man annahm, so ist Verringerung des Lohns zulässig.	Im übrigen wie St. Annaberg 1509 und Joachimsthal 1548.
1566. Henneberg. (Brassert, S. 219.)		Gleichlautend mit Joachimsthal 1548.
1570. Homburg. (Brassert, S. 297.)		Wie die vorige.
1575. Saalfeldische. (Wagner S. 1352.)	1. Besondere Bestimmung über das Sortieren der Erze beim Gedinge, um die Qualität kontrollieren zu können.	Sonst wie die vorige Bergordnung.
1575. Ungarische. (Wagner, S. 200.)	1. Vertragsbruch anders geregelt, als in den deutschen Ordnungen. Der Arbeiter wird nämlich durch Strafen zur Fertigstellung des Gedinges gezwungen. 2. Um Lohnsteigerungen zu vermeiden, soll kein Gewerke ohne das Wissen der andern ein Gedinge abschließen.	Im übrigen wie d. Österreichische von 1517.

XX 7.

Jahreszahl und Name der Bergordnung	Neue Gedingebestimmungen	Bestimmungen aus älteren Bergordnungen
1589. Kursächsische. (Brassert, S. 337.)		Wie die Kur-Triersche v. 1564.
1597. Württemberg. (Wagner, S. 556.)	1. Die Bestimmungen über Lehnschaften sehr ausführlich. Nur kurz über das Gedinge.	
1616. Hessen-Kassel. (Wagner, S. 628.)		Wie die Joachimsthalsche v. 1548.
1619. Brandenburg. (Wagner, S. 458.)		Ebenso.
1622. Schlesien. (Wagner S. 1323.)	1. Vorschriften über die Vermessung der Gedinge.	
1669. Kur-Kölnische. (Brassert, S. 515.)	1. Stufen ändern oder beseitigen mit Strafe bedroht.	Im übrigen inhaltlich wie St. Annaberg 1509, jedoch eine andere Redaktion.
1673. Eisleben-Mansfeld. (Brassert, S. 701.)		Wie Joachimsthal 1548.
1696. Herzogtum Magdeburg. (Wagner S. 1152.)	1. Beim Abschlusse des Gedinges soll ein schriftlicher Kontrakt gemacht werden. 2. Gute Qualität bei der Steinkohlenförderung im Gedinge.	
1719. Jülich-Berg. Brassert, S. 759.)		Das ist eine wörtliche Abschrift d. St. Annaberger v. 1509 mit einigen Ergänzungen aus d. Nass.-Katzenellenbogenschen von 1559.
1737. Cleve-Mark. (Wagner S. 1254.)	1. Geschworene sollen das Gedinge so hoch festsetzen, daſs die Arbeiter in 8 Stunden 10—12 Stüber verdienen, nicht aber wie bisher 12 bis 15 Stüber. 2. Die Kündigungsfrist soll 14 Tage betragen. 3. Die Geschworenen erhalten ein Stufengeld, welches in einem bestimmten Verhältnis zum Betrage des Gedinges steht.	Über Kontraktbruch u. Gedingeerhöhung sind die Bestimmungen d. St. Annaberger Ordnung v. 1509 entnommen.

Jahreszahl und Name der Bergordnung	Neue Gedingebestimmungen	Bestimmungen aus älteren Bergordnungen
1749. Kursachsen. (Brassert, S. 432.)	1. Gedingeüberschuſs genau zu notieren. 2. Gedinge nicht länger als vier Wochen. 3. Einführung des „Schieſsens", um am Gedinge zu sparen.	
1759. Huttenberg (Österreich). (Wagner, S. 99.)	1. Alle Gedinge sind vor dem Berggericht abzuschlieſsen.	
1772. Magdeburg. (Wagner S. 1239.)		Wörtlich wie die Kleve-Märkische von 1737.
1784. Bayern u. Oberpfalz. (Wagner, S. 361.)		Inhaltlich wie d. Joachimsthalsche, jedoch anders redigiert.

Printed by Libri Plureos GmbH
in Hamburg, Germany